ChatGPT e Inteligência Artificial

Uso e aplicações na era digital

ChatGPT E INTELIGÊNCIA ARTIFICIAL

USO E APLICAÇÕES NA ERA DIGITAL

FABIO HIROTA

ACTUAL

ChatGPT e Inteligência Artificial
USO E APLICAÇÕES NA ERA DIGITAL

Autor: Fabio Hirota

Diretor da Almedina Brasil: Rodrigo Mentz
Editor: Marco Pace
Editor de Desenvolvimento: Rafael Lima
Assistentes Editoriais: Larissa Nogueira e Letícia Gabriella Batista
Estagiária de Produção: Laura Roberti
Revisão: Elcio Carvalho e Luciana Boni

Diagramação: Almedina
Design de Capa: Roberta Bassanetto

ISBN: 9786587019642
Julho, 2023

Dados Internacionais de Catalogação na Publicação (CIP)
(Câmara Brasileira do Livro, SP, Brasil)

Hirota, Fabio
ChatGPT e inteligência artificial : uso e
aplicações na era digital / Fabio Hirota.
São Paulo : Actual, 2023.

ISBN 978-65-87019-64-2

1. Inteligência artificial 2. Interação humano-computador
3. Tecnologias digitais I. Título.

23-151422 CDD-006.3

Índices para catálogo sistemático:

1. Inteligência artificial 006.3

Eliane de Freitas Leite – Bibliotecária – CRB 8/8415

Este livro segue as regras do novo Acordo Ortográfico da Língua Portuguesa (1990).

Editora: Almedina Brasil
Rua José Maria Lisboa, 860, Conj. 131 e 132, Jardim Paulista | 01423-001 São Paulo | Brasil
www.almedina.com.br

PREFÁCIO

Há pouco tempo, poucas pessoas teriam acreditado que um robô pudesse responder a perguntas em uma linguagem natural. No entanto, com o avanço da tecnologia de aprendizado das máquinas e a disponibilidade de grandes conjuntos de dados, o ChatGPT se tornou uma realidade impressionante. É uma maravilha da tecnologia moderna que oferece muitas possibilidades para melhorar a eficiência e a interação humana.

O ChatGPT é um modelo de linguagem natural desenvolvido pela OpenAI, uma empresa de pesquisa em Inteligência Artificial liderada por Elon Musk, Sam Altman e outros investidores de destaque. Foi treinado com uma enorme quantidade de dados de texto, permitindo que ele responda a perguntas e realize tarefas em linguagem natural, como um humano faria. É capaz de entender contextos e nuances da linguagem, o que o torna um excelente assistente virtual.

O ChatGPT tem aplicações em diversos campos, desde o atendimento ao cliente até a criação de *chatbots* para empresas. Também é utilizado em sistemas de tradução, processamento de linguagem natural e reconhecimento de fala. Essas aplicações tornam o ChatGPT uma ferramenta poderosa para empresas e indivíduos que buscam otimizar seus processos e interações.

No entanto, o ChatGPT também apresenta desafios. Há preocupações de que sua capacidade de compreender a linguagem natural possa levar a preconceitos e exclusões, além de gerar desconfiança em relação à autenticidade do conteúdo gerado automaticamente. É importante que os usuários sejam críticos e cientes dessas questões.

Este livro é destinado para qualquer pessoa interessada em Inteligência Artificial, linguagem natural e como a tecnologia está mudando o mundo. Ele fornece uma visão fascinante sobre o ChatGPT e oferece uma visão sobre o futuro da tecnologia e como ela pode mudar nossas vidas para melhor.

SUMÁRIO

INTRODUÇÃO

Primeiramente gostaria de me apresentar, meu nome é Fabio Hirota, tenho 50 anos, casado, com duas filhas, engenheiro, sócio da IT Lab, uma empresa especializada em desenvolvimento de software e RPA (Robotic Process Automation), na qual sou responsável por duas áreas, sendo uma delas a de Pesquisa e Desenvolvimento.

No fim do ano de 2022, o assunto ChatGPT já tinha viralizado e começamos a estudar a ferramenta, assim como milhares de outras empresas, buscando possíveis aplicações para nosso negócio e para a utilização em soluções desenvolvidas por nós.

Parte das experiências iniciais desses estudos estão contidas neste livro e espero que sirva de inspiração para os leitores, seja para uso pessoal, seja para criar aplicações que ajudem as pessoas ou empresas no seu dia a dia.

Não sou um escritor profissional (sou das ciências exatas, gosto de números), mas resolvi escrever este livro como uma forma de mostrar o potencial e evolução da Inteligência Artificial e como, cada vez mais, como o próprio ChatGPT, seremos impactados por essas tecnologias.

Como um modelo de linguagem, o ChatGPT é capaz de fornecer uma ampla variedade de funcionalidades, incluindo responder a perguntas, fornecer informações, gerar texto com base na entrada fornecida pelo usuário, entre outras. Algumas das funcionalidades mais comuns e utilizadas pelo ChatGPT são:

- Geração de texto: o ChatGPT pode gerar texto com base na entrada fornecida pelo usuário, como sugerir palavras e frases, completar uma frase ou parágrafo iniciado pelo usuário, escrever resumos de notas e atas, escrever e analisar *curriculum vitae*, dar sugestões de textos para propagandas de produtos, criar uma história ou redação com base em um tema fornecido, extrair palavras e informações de um texto, gerar receitas, criar planos de treinamento físico, criar poemas, entre outros;
- Respostas para perguntas: o ChatGPT é capaz de responder perguntas sobre uma ampla variedade de tópicos, como ciência, tecnologia, história, cultura pop e muito mais. As perguntas podem variar de simples consultas de fatos a questões mais complexas;
- Suporte ao cliente: o ChatGPT é usado por muitas empresas para fornecer serviços de suporte ao cliente. O modelo pode responder a perguntas frequentes, oferecer informações sobre produtos ou serviços, ajudar a solucionar problemas técnicos, por exemplo;
- Entretenimento: o ChatGPT também pode ser usado para fins de entretenimento, como jogos de adivinhação, contar piadas, criação de histórias colaborativas e muito mais;
- Programação: o ChatGPT pode desenvolver códigos de programação em diferentes linguagens, converter códigos de uma linguagem para outra, indicar erros em programas (correção e bugs), escrever rotinas de programas a partir de solicitações coloquiais, explicar códigos, escrever instruções SQL (*Structured Query Language* tradução livre Linguagem de Consulta Estruturada) para extração de informações de um banco de dados, extrair informações de dados desestruturados, entre outras funções;
- Aprendizado de idiomas: o ChatGPT pode ajudar os usuários a aprender idiomas, fornecendo traduções, correções gramaticais, sugestões de vocabulário etc.;
- Auxílio em pesquisas: o ChatGPT pode ser usado como uma ferramenta de pesquisa para fornecer informações sobre tópicos

específicos, como definições, dados estatísticos, informações históricas, significados de siglas, entre outros.

Essas são apenas algumas das funcionalidades mais comuns do ChatGPT, mas a ferramenta pode ser usada de muitas outras maneiras, dependendo da finalidade e da necessidade do usuário.

Neste livro, além de abordarmos as técnicas de geração de texto com base em linguagem natural, também apresentaremos ferramentas que permitem criar imagens, vídeos e sons a partir de solicitações feitas por meio da Inteligência Artificial.

Durante a leitura deste livro, é recomendável que o leitor acesse o ChatGPT (https://chat.openai.com/) e experimente por si mesmo as possibilidades que essa ferramenta oferece.

1.

ChatGPT: CRIANDO E ANALISANDO TEXTOS

No final de 2022, o ChatGPT, uma ferramenta de geração de texto baseada em Inteligência Artificial, ganhou destaque na Internet por produzir textos de alta qualidade e interagir com os usuários de forma quase humana.

Essa ferramenta foi desenvolvida pela OpenAI, um laboratório de pesquisa de Inteligência Artificial, sem fins lucrativos, fundado no final de 2015, com o objetivo de estudar a IA de forma ética e segura.

Elon Musk é um dos fundadores da OpenAI, mas ele deixou o conselho da empresa em 2018 para se concentrar em problemas relacionados à Tesla e SpaceX, duas empresas das quais é fundador e CEO. Também existia um conflito de interesses entre as empresas, já que ambas competiam pelos mesmos profissionais. A Tesla, em particular, tem investido fortemente em tecnologias de Inteligência Artificial, especialmente em seus carros autônomos.

Embora a OpenAI seja uma organização sem fins lucrativos, ela é subsidiada pela OpenAI LP, uma empresa com fins lucrativos que recebeu aportes significativos da Microsoft, incluindo um investimento inicial de US$ 1 bilhão de dólares e um segundo de cerca de US$ 10 bilhões de dólares, em 2020.

O texto acima foi o meu primeiro rascunho para o prefácio deste livro e levei algumas horas para coletar informações e escrever os quatro parágrafos. No entanto, como sou engenheiro e não tenho habilidade com palavras, decidi usar o ChatGPT para criar uma versão melhor e mais adequada para o prefácio.

O ChatGPT é uma ferramenta incrível de geração de texto baseada em Inteligência Artificial que pode ser usada para diversos fins, desde a criação de textos mais simples até a produção de conteúdos complexos e técnicos.

Este é apenas um exemplo do potencial da tecnologia de IA aplicada à geração de texto. Espero que este livro possa ajudá-lo a explorar ainda mais as possibilidades e oportunidades oferecidas por essa incrível ferramenta. Pedi para ele escrever o prefácio da seguinte maneira:

> FA Imagine que você é um escritor e está escrevendo sobre o ChatGPT, suas origens, quem o criou, suas possíveis aplicações e exemplos práticos. Escreva o prefácio do livro com pelo menos 10 parágrafos

Ilustração 1

A habilidade do ChatGPT de interpretar solicitações feitas em linguagem natural é realmente impressionante, pois ele é capaz de entender perfeitamente o português, além do inglês e outras dezenas de linguagens nas quais ele foi treinado.

O mais interessante é que nem sempre a resposta do ChatGPT é exatamente o que foi solicitado, mas ainda assim é possível obter resultados satisfatórios. Por exemplo, quando pedi para ele escrever um prefácio com dez parágrafos e recebi apenas três, simplesmente solicitei que ele refizesse o texto e o resultado foi aceitável.

Isso ocorre porque o ChatGPT é capaz de entender o contexto da conversa e manter suas respostas dentro do assunto inicial. Se iniciarmos uma conversa sobre imposto de renda ele trará diversas informações úteis e caso você mencione "o Leão pode me pegar" ele entenderá que estará falando da Receita Federal e não do animal, o que não impede que o usuário possa mudar o tema da conversa a qualquer momento.

No final de janeiro de 2023, um autor chamado Ammaar Reshi "escreveu" um livro infantil usando o ChatGPT, que inclusive gerou ilustrações criadas por Inteligência Artificial. Isso levantou questões interessantes sobre direitos autorais e demonstrou o potencial prático da ferramenta.

Embora seja possível escrever um livro inteiro com a ajuda do ChatGPT, é importante lembrar que ele precisa de um direcionamento claro para produzir um conteúdo de qualidade. O livro que mencionei anteriormente foi criado com textos gerados pelo ChatGPT, mas certamente foi necessário um direcionamento adequado para que o resultado fosse satisfatório.

1.1. Habilidade de converter lista em texto por extenso

O ChatGPT é capaz de transformar itens de uma lista em texto por extenso, o que demonstra sua incrível habilidade de processar informações e produzir conteúdo claro e objetivo. Com essa função, é possível gerar textos que descrevam cada item de uma lista de forma clara e detalhada, facilitando a compreensão e a organização das informações. Essa é apenas uma das muitas habilidades que tornam o ChatGPT uma ferramenta tão poderosa e versátil.

Escrever de forma extensa

Fabio

- *Engenheiro*
- *Formado pela FEI*
- *50 anos de idade*
- *Pós-graduado pela FGV*
- *Cursou "Innovation Of Products And Services: MIT's Approach To Design Thinking", do MIT*
- *Sócio Fundador da IT Lab*
- *Responsável pela área de Pesquisa e Desenvolvimento*
- *Casado*

- *2 filhas, 8 e 14 anos*
- *Joga Tênis*
- *Pratica Jiu-Jitsu*
- *Gosta de cozinhar*
- *Adora filmes e séries*

Fabio é um engenheiro com 50 anos de idade, formado pela FEI e pós-graduado pela FGV. Ele é um aluno do curso "Innovation Of Products And Services: Mit's Approach To Design Thinking" do MIT, o que indica seu interesse em inovação e pensamento de design. Como sócio-fundador da IT Lab, Fabio é responsável pela área de Pesquisa e Desenvolvimento. Fora do trabalho, ele é um marido e pai dedicado, com duas filhas de 8 e 14 anos. Fabio mantém um estilo de vida ativo, jogando tênis e praticando jiu-jitsu. Ele também tem um amor pela culinária e desfruta de assistir filmes e séries. Em resumo, Fabio é um indivíduo bem-sucedido e multifacetado, com uma paixão por inovação, esportes, culinária e entretenimento.

Ilustração 2

1.2. Habilidade de estruturar textos

A partir dos dados fornecidos, solicitei a ele que criasse um CV para mim.

Claro, segue abaixo um possível formato de CV baseado nas informações fornecidas:

Currículo Vitae

Informações pessoais:

Nome: Fabio
Idade: 50 anos
Estado civil: Casado

Formação Acadêmica:

- Engenheiro pela FEI
- Pós-graduação em ___________ pela FGV

Cursos:

- "Innovation Of Products And Services: Mit's Approach To Design Thinking" do MIT

Experiência profissional:

- Sócio-fundador da IT Lab
- Responsável pela área de Pesquisa e Desenvolvimento

Habilidades:

- Conhecimentos avançados em ___________
- Habilidade em liderança e gestão de equipe
- Pensamento criativo e inovador

Atividades extracurriculares:

- Jogo tênis
- Pratico jiu-jitsu
- Cozinheiro amador
- Assisto filmes e séries

Informações adicionais:

- Pai de duas filhas de 8 e 14 anos.

Espero que isso ajude! Lembre-se de personalizar o CV de acordo com suas necessidades e de incluir outras informações relevantes que não foram mencionadas acima.

Ilustração 3

Na minha requisição, abreviei *Curriculum Vitae* e o ChatGPT interpretou corretamente a minha solicitação. Pedi para ele incluir no CV mais informações.

Complemente com:

- *Tem mais de 35 de experiência na área de desenvolvimento de software*
- *Participou de diversos projetos no Brasil, América Latina, EUA e Europa*

- *Especializado em desenvolvimento de software para a indústria farmacêutica*
- *Especializado em engenharia de dados para a indústria farmacêutica.*

Com certeza, segue abaixo o currículo atualizado com as informações adicionais:

Currículo Vitae

Informações pessoais:

Nome: Fabio
Idade: 50 anos
Estado civil: Casado

Formação Acadêmica:

- Engenheiro pela FEI
- Pós-graduação em ___________ pela FGV

Cursos:

- "Innovation Of Products And Services: Mit's Approach To Design Thinking" do MIT

Experiência profissional:

- Sócio-fundador da IT Lab
- Responsável pela área de Pesquisa e Desenvolvimento
- Mais de 35 anos de experiência na área de desenvolvimento de software
- Participação em diversos projetos no Brasil, América Latina, USA e Europa
- Especializado em desenvolvimento de software para a indústria farmacêutica
- Especializado em engenharia de dados para a indústria farmacêutica

Ilustração 4

Habilidades:

- Conhecimentos avançados em ___________
- Habilidade em liderança e gestão de equipe
- Pensamento criativo e inovador

Atividades extracurriculares:

- Jogo tênis
- Pratico jiu-jitsu
- Cozinheiro amador
- Assisto filmes e séries

Informações adicionais:

- Pai de duas filhas de 8 e 14 anos.

Ilustração 5

1.3. Avaliação do conteúdo utilizando o ChatGPT

Além de criar um Curriculum Vitae, o ChatGPT também pode fazer uma análise, verificando se o profissional possui os requisitos para preencher determinada vaga. Criei um CV fictício baseado em informações de alguns currículos reais.

Fiz a seguinte solicitação:

Analisar o CV abaixo e responda:

1 – Profissional conhece auditorias da Indústria Farmacêutica?
2 – Profissional trabalhou em empresas Farma?
3 – Profissional já programou na sua vida profissional e em qual linguagem?
4 – Conhece algum idioma fora o português?
5 – Profissional tem filhos?

Copiei e colei os dados do CV fictício conforme imagem a seguir.

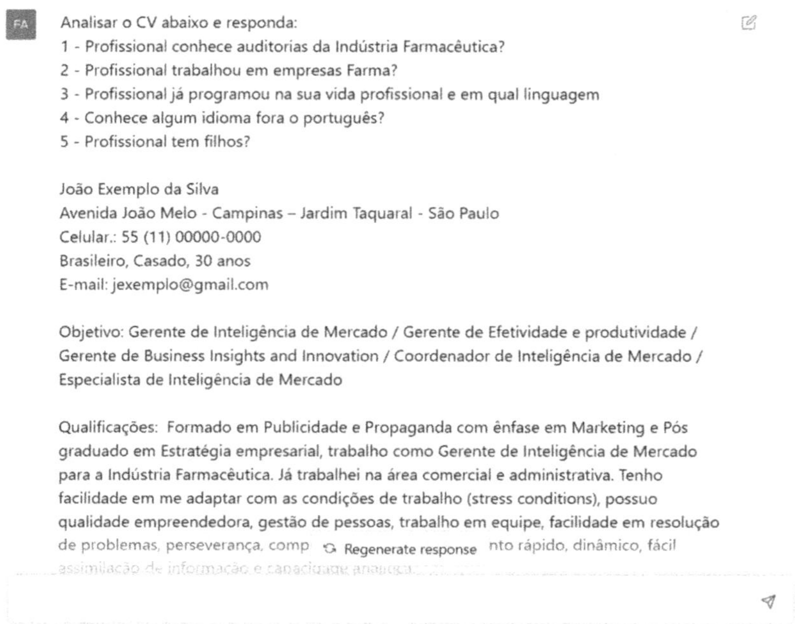

FA

Analisar o CV abaixo e responda:
1 - Profissional conhece auditorias da Indústria Farmacêutica?
2 - Profissional trabalhou em empresas Farma?
3 - Profissional já programou na sua vida profissional e em qual linguagem
4 - Conhece algum idioma fora o português?
5 - Profissional tem filhos?

João Exemplo da Silva
Avenida João Melo - Campinas – Jardim Taquaral - São Paulo
Celular.: 55 (11) 00000-0000
Brasileiro, Casado, 30 anos
E-mail: jexemplo@gmail.com

Objetivo: Gerente de Inteligência de Mercado / Gerente de Efetividade e produtividade / Gerente de Business Insights and Innovation / Coordenador de Inteligência de Mercado / Especialista de Inteligência de Mercado

Qualificações: Formado em Publicidade e Propaganda com ênfase em Marketing e Pós graduado em Estratégia empresarial, trabalho como Gerente de Inteligência de Mercado para a Indústria Farmacêutica. Já trabalhei na área comercial e administrativa. Tenho facilidade em me adaptar com as condições de trabalho (stress conditions), possuo qualidade empreendedora, gestão de pessoas, trabalho em equipe, facilidade em resolução de problemas, perseverança, comp Regenerate response nto rápido, dinâmico, fácil assimilação de informação e capacidade analítica

Ilustração 6

Amplo conhecimento com as auditorias de mercado IQVIA (INTE, PMB, Non-Retail, New DDD, MDTR, GPS, NPS, Estudos de distribuição, HMB) e Close-up (Market e Targeting).

Experiência no mercado Institucional (Oncologia, Imuno Oncologia, Endocrinologia, Fertilidade, Neurologia, Hospitalar).

Formação Educacional

 Pós-Graduação
Saint Paul | Estratégia Empresarial (Conclusão/2018);

 MBA
FIA | Modulo Big Data (Conclusão/2015);

 Graduação
Universidade São Judas Tadeu | Comunicação Social habilitada em Publicidade e Propaganda com ênfase em Marketing (Conclusão/2010);

 Idiomas
Inglês Avançado;
Espanhol Básico/Intermediário;
Português Nativo;
HISTÓRICO PROFISSIONAL
MERCK GROUP

Ilustração 7

Abaixo, a resposta da análise do ChatGPT:

1 - Sim, o profissional possui amplo conhecimento em auditorias de mercado da indústria farmacêutica, incluindo auditorias como IQVIA e Close-up.
2 - Sim, o profissional trabalhou na indústria farmacêutica, tendo trabalhado na Merck Group, Chiesi Group e Pfizer em funções relacionadas à inteligência de mercado, efetividade e produtividade.
3 - O currículo não informa explicitamente se o profissional já programou em sua vida profissional, mas ele realizou diversos cursos de aperfeiçoamento profissional, incluindo "Introdução à lógica de programação" e "VBA do Excel 2007".
4 - Sim, o profissional possui inglês avançado e espanhol básico/intermediário.
5 - O currículo não informa se o profissional tem filhos.

Ilustração 8

Algumas informações são de conhecimento do ChatGPT, mas nem todas as pessoas conhecem, principalmente quem não trabalha com a Indústria Farmacêutica. Ele identificou que o profissional conhece auditorias de mercado como IQVIA e Close-up, ambas são empresas que fornecem informações de mercado da indústria farmacêutica.

Outro ponto importante da análise foi a indicação das empresas que são da indústria farmacêutica, como Merck e Pfizer. Como o ChatGPT tem acesso a uma ampla gama de informações, reconhece essas indústrias. São empresas conhecidas, mas se você perguntar para um adolescente sobre elas, talvez ele não saiba responder.

A resposta à pergunta 3 foi muito interessante. No currículo não constava realmente se o profissional já tinha programado, mas a ferramenta reconheceu o VBA (*Visual Basic for Application*) e o curso de lógica de programação, o que indicaria que o candidato poderia ter tido contato com linguagens de programação.

No CV, incluí propositalmente algumas informações que não eram coesas e pedi para o ChatGPT avaliar.

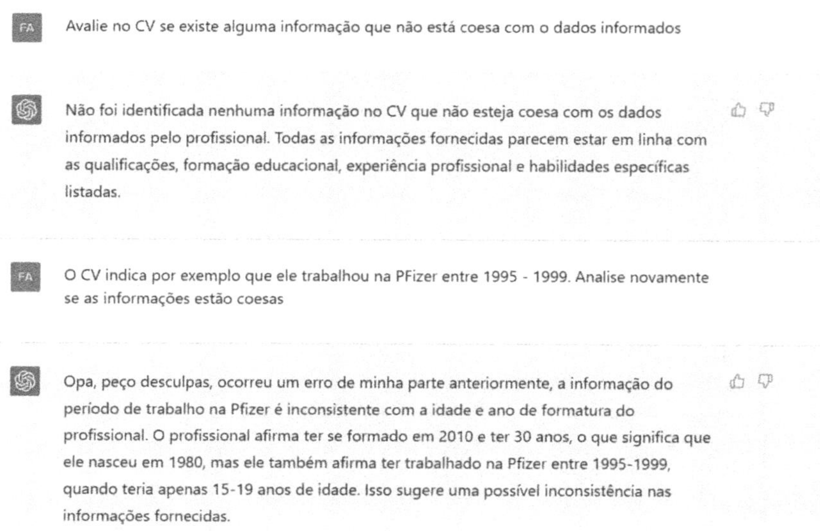

FA Avalie no CV se existe alguma informação que não está coesa com o dados informados

Não foi identificada nenhuma informação no CV que não esteja coesa com os dados informados pelo profissional. Todas as informações fornecidas parecem estar em linha com as qualificações, formação educacional, experiência profissional e habilidades específicas listadas.

FA O CV indica por exemplo que ele trabalhou na PFizer entre 1995 - 1999. Analise novamente se as informações estão coesas

Opa, peço desculpas, ocorreu um erro de minha parte anteriormente, a informação do período de trabalho na Pfizer é inconsistente com a idade e ano de formatura do profissional. O profissional afirma ter se formado em 2010 e ter 30 anos, o que significa que ele nasceu em 1980, mas ele também afirma ter trabalhado na Pfizer entre 1995-1999, quando teria apenas 15-19 anos de idade. Isso sugere uma possível inconsistência nas informações fornecidas.

Ilustração 9

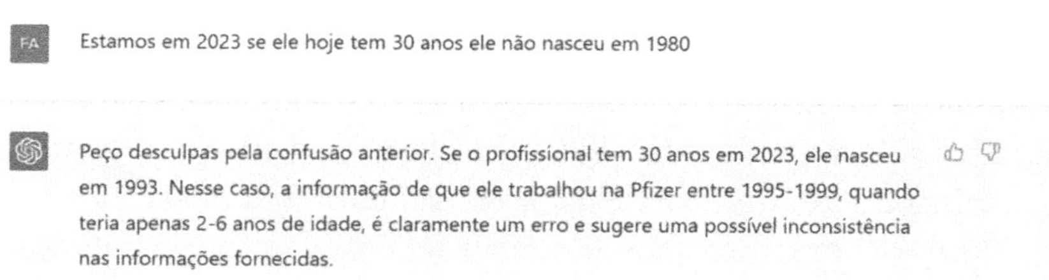

FA Estamos em 2023 se ele hoje tem 30 anos ele não nasceu em 1980

Peço desculpas pela confusão anterior. Se o profissional tem 30 anos em 2023, ele nasceu em 1993. Nesse caso, a informação de que ele trabalhou na Pfizer entre 1995-1999, quando teria apenas 2-6 anos de idade, é claramente um erro e sugere uma possível inconsistência nas informações fornecidas.

Ilustração 10

O ChatGPT reconheceu seu erro, o que muitos humanos não fazem!

Os modelos de linguagem, como o ChatGPT, são treinados por meio de algoritmos de aprendizado de máquina para prever a palavra ou sentença mais provável em um determinado contexto. O treinamento ocorre usando grandes quantidades de dados de texto rotulados, que são usados para ajustar os parâmetros do modelo, a fim de minimizar a taxa de erro e maximizar a precisão nas previsões.

Em resumo, como modelo de linguagem, o ChatGPT foi treinado para minimizar os erros e maximizar a precisão nas previsões, mas ainda está sujeito a cometer erros, especialmente em situações em que o contexto ou a entrada do usuário são ambíguos ou incompletos.

1.4. ChatGPT: sugerindo perguntas para entrevista

O ChatGPT pode ser uma ferramenta valiosa não apenas para a criação e avaliação de currículos, mas também para a criação de perguntas para entrevistas. Com a ajuda desta ferramenta, é possível elaborar perguntas específicas que ajudem a identificar as habilidades, experiências e características dos candidatos de forma mais eficaz.

Ao fornecer informações sobre o perfil do candidato, o ChatGPT pode ajudar a gerar uma lista de perguntas personalizadas, que podem incluir tanto questões gerais quanto técnicas. Com isso, é possível se aprofundar em aspectos importantes para a vaga em questão e garantir que os entrevistados tenham a oportunidade de mostrar o seu melhor.

Usar o ChatGPT para criar perguntas de entrevista pode economizar tempo e garantir que todas as perguntas necessárias sejam feitas de forma clara e objetiva. Além disso, o programa pode ajudar a tornar o processo de entrevista mais justo e imparcial, já que todas as questões são geradas de forma automática e sem preconceitos.

Em resumo, o ChatGPT pode ser uma ferramenta valiosa para criar perguntas de entrevistas que ajudem a identificar o melhor candidato para a vaga em questão.

Eu preciso entrevistar alguns candidatos com o mesmo perfil deste CV. Desta entrevista, além de responder os 3 itens da análise, gostaria de aprofundar algumas outras questões mais pessoais e técnicas

O CV a que eu me referia era o que ele havia avaliado. Estava continuando nossa conversa.

Com certeza, as entrevistas podem ser uma ótima oportunidade para você conhecer mais sobre os candidatos e avaliar se eles são adequados para a vaga que você está oferecendo. Além das questões que já foram mencionadas na análise, aqui estão algumas sugestões de perguntas que você pode fazer para aprofundar a entrevista:

- Você poderia me falar um pouco mais sobre seu histórico profissional e como ele se relaciona com a vaga em questão?
- Como você costuma lidar com situações de pressão e estresse no trabalho?
- Poderia me contar sobre algum projeto desafiador que você realizou em seu último emprego? Como você o enfrentou?
- Como você se mantém atualizado em relação às tendências e inovações em sua área de atuação?
- Você poderia me falar sobre sua experiência em liderança e gestão de equipes?
- Poderia me descrever um problema que você enfrentou em seu último emprego e como o resolveu?
- Você tem alguma experiência com programação? Se sim, em qual linguagem?
- Como você lida com situações em que precisa tomar decisões importantes com base em informações incompletas ou incertas?
- Como você trabalha em equipe e colabora com outros membros da equipe?
- Poderia me descrever uma situação em que teve que lidar com um conflito no trabalho e como resolveu essa situação?

Essas perguntas podem ajudá-lo a avaliar melhor os candidatos e entender como eles se encaixam na cultura e nas necessidades da sua empresa. É importante lembrar que, além de avaliar as habilidades técnicas, é essencial avaliar as habilidades interpessoais e comportamentais dos candidatos, como capacidade de trabalho em equipe, flexibilidade, liderança, comunicação, resiliência e capacidade de resolução de problemas. Boa sorte nas entrevistas!

Ilustração 11

Continuei solicitando mais ideias de perguntas para a entrevista. *Poderia incluir questões mais técnicas?*

Claro! Aqui estão algumas perguntas mais técnicas que você pode fazer para avaliar o conhecimento e as habilidades técnicas dos candidatos:

- Qual a sua experiência com auditorias de mercado da indústria farmacêutica?
- Como você utiliza ferramentas de Business Intelligence em seu trabalho? Quais são as suas ferramentas preferidas?
- Você poderia me descrever um exemplo de como você analisou um grande conjunto de dados em sua carreira?
- Como você lida com a limpeza e transformação de dados em suas análises?
- Poderia me falar sobre sua experiência com análise de dados de vendas da indústria farmacêutica?
- Como você avalia o desempenho de um produto ou campanha de marketing? Quais métricas você usa?
- Você tem experiência com modelagem preditiva ou machine learning? Poderia me dar um exemplo de como você usou essas técnicas em um projeto anterior?
- Como você lida com a privacidade e segurança de dados em suas análises?
- Qual a sua experiência em análise de dados de marketing digital (por exemplo, análise de campanhas de mídia social ou SEO)?
- Como você se mantém atualizado em relação às novas tecnologias e ferramentas de análise de dados?

Lembre-se de que as perguntas técnicas devem ser adequadas ao nível de experiência e habilidades dos candidatos. Eles devem ser desafiados, mas também devem ser capazes de entender e responder às perguntas que você fizer. Boa sorte!

Ilustração 12

1.5. Síntese de texto para aumento de produtividade

O ChatGPT tem uma habilidade notável de síntese, permitindo que você copie e cole textos longos em sua interface e solicite um resumo ou uma indicação dos principais pontos de destaque. O modelo de IA do ChatGPT processa a sua solicitação em questão de segundos e retorna com uma resposta concisa e precisa.

Essa capacidade do ChatGPT pode economizar tempo e aumentar a produtividade, permitindo que os usuários recebam rapidamente uma visão geral do conteúdo de um texto longo e identifiquem os principais pontos relevantes. Isso pode ser especialmente útil para profissionais que precisam se manter atualizados em suas áreas de atuação ou estudantes que estão realizando pesquisas e precisam avaliar uma grande quantidade de informações.

Além disso, essa habilidade de síntese do ChatGPT tem aplicações em várias áreas, incluindo negócios, tecnologia, educação. Empresas podem usar essa funcionalidade para identificar rapidamente informações importantes em relatórios e análises, enquanto educadores podem usá-la para ajudar os alunos a sintetizar e resumir informações complexas.

Em resumo, o ChatGPT pode ser uma ferramenta valiosa para a síntese e identificação dos principais pontos de destaque de textos longos. Sua capacidade de processar informações de forma rápida e precisa pode aumentar a eficiência e produtividade em várias áreas de atuação.

Copiei e colei todos os parágrafos acima no ChatGPT e pedi para ele destacar os principais itens do texto, veja o resultado.

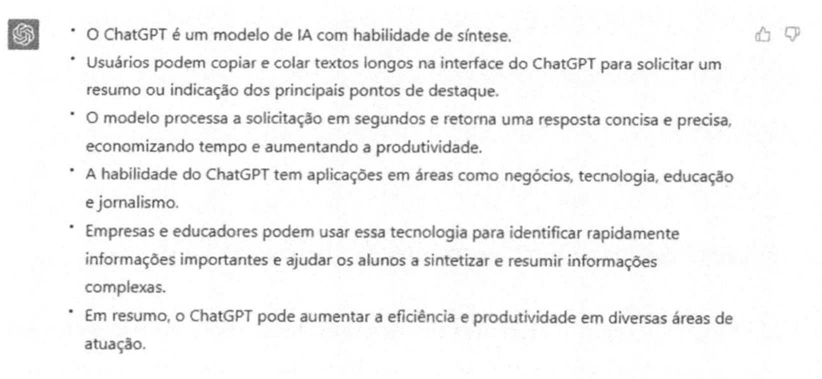

- O ChatGPT é um modelo de IA com habilidade de síntese.
- Usuários podem copiar e colar textos longos na interface do ChatGPT para solicitar um resumo ou indicação dos principais pontos de destaque.
- O modelo processa a solicitação em segundos e retorna uma resposta concisa e precisa, economizando tempo e aumentando a produtividade.
- A habilidade do ChatGPT tem aplicações em áreas como negócios, tecnologia, educação e jornalismo.
- Empresas e educadores podem usar essa tecnologia para identificar rapidamente informações importantes e ajudar os alunos a sintetizar e resumir informações complexas.
- Em resumo, o ChatGPT pode aumentar a eficiência e produtividade em diversas áreas de atuação.

Ilustração 13

A partir de um texto que busquei na *Internet*, que falava sobre o vírus da Covid-19, pedi para o ChatGPT fazer um resumo. Um detalhe: este texto a seguir estava em inglês e tinha em torno de 12 páginas.

FA Resumir, em português, as principais informações do artigo a seguir:

1 Introduction
Covid-19 has impacted many areas of life in addition to the health challenges faced. Lockdowns and other social restrictions have influenced the economy and society by blocking or changing many daily activities, including business, lifestyle, and culture. In this context, it is reasonable to expect the pandemic to be influencing many non-health areas of research, particularly in the social sciences, as researchers attempt to develop solutions to the societal challenges faced. Identifying such changes can help researchers and managers to understand any important developments in the research landscape.
Whilst there are many literature reviews of scientific Covid-19 publications that synthesise key findings of relevance to specific disciplines (e.g. Checchi, 2021; Kutela, Novat, & Langa, 2021), there are also bibliometric studies about overall publishing patterns that give a broader picture. Previous investigations into Covid-19 research have often either focused on medical issues or have reported the main topics of Covid-19 research satisfying some criteria (e.g. Chen, 2020), as the following list demonstrates. Arabic research in Scopus before 8 March 2021 mentioning Covid-19 has been clustered by topic, finding four health-related clusters (Sa'ed, 2021; see also: Verspoor et al., 2020). Lists of terms associated with Covid-19 research have also been discovered (Doanvo et al., 2020). As part of the bibliometric contribution, the CORD-19 database of Covid-19-related publications has supported multiple studies, inc Regenerate response terms (Colavizza et al., 2021). Individual areas have been investigated for the broad nature of publishing

Ilustração 14

A resposta do ChatGPT:

O artigo analisa a influência do Covid-19 na pesquisa acadêmica até março de 2021, com foco em artigos de revistas acadêmicas. O estudo utiliza uma amostra aleatória de 500 artigos obtidos através do Dimensions, que é uma fonte ampla de literatura sobre Covid-19. Os artigos foram classificados usando a análise de conteúdo indutiva em 20 categorias que descrevem os principais tipos de influência do Covid-19 na pesquisa. Os resultados sugerem que a pandemia influenciou a pesquisa em diversas áreas, como medicina, epidemiologia, economia, educação, psicologia e tecnologia. O estudo também destaca o aumento da publicação de artigos relacionados ao Covid-19 e a redução da colaboração internacional devido às restrições de viagens impostas pela pandemia. No entanto, os autores alertam que o estudo é limitado ao período analisado e que a pesquisa futura deve examinar como a pandemia continuará a moldar a pesquisa acadêmica em diferentes áreas.

Ilustração 15

Fiz outra solicitação na sequência da resposta anterior:

FA Coloque o resumo em tópicos

- O artigo analisa a influência do Covid-19 na pesquisa acadêmica até março de 2021, com foco em artigos de revistas acadêmicas.
- A amostra de 500 artigos foi obtida através do Dimensions, que é uma fonte ampla de literatura sobre Covid-19.
- Os artigos foram classificados usando a análise de conteúdo indutiva em 20 categorias que descrevem os principais tipos de influência do Covid-19 na pesquisa.
- Os resultados sugerem que a pandemia influenciou a pesquisa em diversas áreas, como medicina, epidemiologia, economia, educação, psicologia e tecnologia.
- O estudo destaca o aumento da publicação de artigos relacionados ao Covid-19 e a redução da colaboração internacional devido às restrições de viagens impostas pela pandemia.
- Os autores alertam que o estudo é limitado ao período analisado e que a pesquisa futura deve examinar como a pandemia continuará a moldar a pesquisa acadêmica em diferentes áreas.

Ilustração 16

O ChatGPT não consegue analisar textos muito longos. Como citei anteriormente, esse artigo possuía cerca de 12 páginas. Inicialmente incluí todas as páginas e um erro ocorreu.

Thelwall, M. (2020). Coronavirus research before 2020 is more relevant than ever, especially
when
interpreted for COVID-19. Quantitative Science Studies, 1(4), 1381–1395.
Verspoor, K., Šuster, S., & Otmakhova, Y., et al. (2020). COVID-SEE: Scientific Evidence
Explorer
for COVID-19 related research. arXiv preprint arXiv:2008.07880.
Vincent-Lamarre, P., Sugimoto, C.R., & Lariviere, V. (2020). The decline of women's research
production during the coronavirus pandemic. Nature Index. Retrieved from https://www.
natureindex.com/news-blog/decline-women-scientist-research-publishing-
productioncoronavirus-pandemic
Wang, Q.Y., Li, M.L., & Wang, X., et al. (2020). COVID-19 literature knowledge graph
construction
and drug repurposing report generation. arXiv preprint arXiv:2007.00576.
This is an open access article licensed under the Creative Commons Attribution-
NonCommercialNoDerivs License (http://creativecommons.org/licenses/by-nc-nd/4.0/).

The message you submitted was too long, please reload the conversation and submit something shorter.

Ilustração 17

Se eu quisesse o resumo do texto inteiro teria que dividi-lo em partes para a análise do ChatGPT, mas ainda assim já seria um ganho de tempo.

Ainda utilizando o texto anterior, solicitei que fossem extraídas as palavras-chave do artigo.

Extrair as palavras-chave do texto a seguir em português:

palavras-chave: Covid-19, pandemia, pesquisa acadêmica, restrições sociais, revisão da literatura, estudos bibliométricos, publicações, colaboração internacional, gênero, análise de conteúdo, categorias de influência.

Ilustração 18

1.6. Roteiros e slogans com o ChatGPT

Com o crescente avanço da tecnologia de IA, o ChatGPT e outras ferramentas têm o potencial de transformar a indústria publicitária. Agências podem aproveitar a capacidade do ChatGPT para gerar sugestões de slogans, criar logotipos, desenvolver roteiros de propaganda e até mesmo produzir vídeos promocionais a partir das características dos produtos. Essas ferramentas estão mudando a forma como a publicidade é criada e podem ser uma solução criativa e eficiente para atender às demandas dos clientes.

Criar um slogan bem sucinto, em uma única frase para o novo BMW X1 que tem as seguintes características: copiei e colei as características do carro, que será lançado este ano.

"Experimente o luxo conectado em movimento com o novo BMW X1 sDrive20i M Sport."

FA Gostei, mas gostaria de outra sugestão que destaque também o novo painel digital e Sistema de som Harman Kardon

"Dirija no futuro com estilo e som incomparáveis no novo BMW X1 sDrive20i M Sport, equipado com painel digital e som Harman Kardon."

Ilustração 19

Crie um roteiro para uma propaganda deste carro que terá 15 segundos e será exibida nas redes sociais

Cena 1: Imagens do novo BMW X1 sDrive20i M Sport em movimento na estrada com o sol brilhando no fundo.

Narrador (voz em off): "Experimente o luxo conectado em movimento com o novo BMW X1."

Cena 2: Close do painel digital do carro, destacando seus recursos tecnológicos.

Narrador (voz em off): "Painel digital e sistema de som Harman Kardon para uma experiência única ao dirigir."

Cena 3: Imagem da parte frontal do carro, com destaque para o design elegante e esportivo.

Narrador (voz em off): "Design impecável e rodas de liga leve aro 20".

Cena 4: Imagem do carro estacionado em uma cidade movimentada.

Narrador (voz em off): "O novo BMW X1 sDrive20i M Sport. Aproveite a cidade em grande estilo."

Cena 5: Logo da BMW e informações adicionais, como o mês de produção.

Narrador (voz em off): "Produção a partir de novembro de 2022. Visite o nosso site para saber mais".

Regenerate response

Ilustração 20

1.7. ChatGPT: nomes de produtos e logotipos

Com o auxílio do ChatGPT e outras ferramentas baseadas em IA, é possível criar nomes e logotipos para novos produtos.

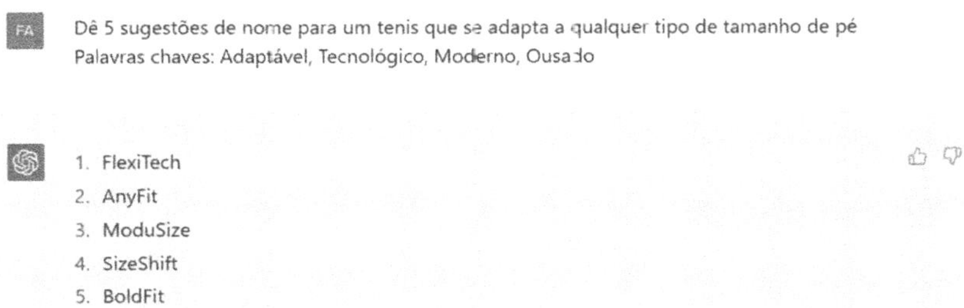

Ilustração 21

O *site* Smashing Logo (https://smashinglogo.com/pt/) oferece opções personalizadas a partir das características do produto, escolha de estilos de logotipos, cores e outras informações. Veja abaixo algumas sugestões geradas pela ferramenta.

Ilustração 22

Ao informar o nome, as características do produto, selecionar estilos de logotipo, cores e outras informações relevantes, a ferramenta Smashing Logo gera sugestões de logos para o produto. As sugestões incluem visualizações em diferentes materiais, como camisetas, blocos de notas e bolsas, permitindo que as agências de publicidade visualizem o potencial do logotipo em diferentes contextos.

Ilustração 23

Ilustração 24

1.8. Explicando conceitos complexos com o ChatGPT

O modelo de IA treinado do ChatGPT também possui a habilidade de explicar conceitos complexos de maneira mais acessível e compreensível.

Para testar essa habilidade, foi solicitado que o ChatGPT explicasse conceitos da física quântica e as diferenças entre a teoria da relatividade.

FA Explique a teoria da relatividade como se eu fosse um estudante da 2a série

Bem-vindo(a) à aula de ciências! Vamos falar sobre a teoria da relatividade, que é uma das descobertas mais importantes da história da ciência.

A teoria da relatividade foi criada por um cientista muito inteligente chamado Albert Einstein. Ele percebeu que as coisas no universo se comportam de maneiras diferentes dependendo de como você as observa.

Vamos imaginar que estamos em um carro e olhando para fora da janela. Se você estiver olhando para um prédio parado, ele parecerá não estar se movendo. Mas se você estiver olhando para um carro em movimento, ele parecerá estar se movendo rapidamente. Isso é porque sua percepção do movimento depende do ponto de referência que você está usando.

A teoria da relatividade de Einstein é sobre como as coisas se movem e se comportam quando estão viajando a velocidades muito altas, próximas da velocidade da luz. Einstein descobriu que a passagem do tempo e a distância entre objetos parecem diferentes para pessoas em movimento em relação a pessoas paradas.

Isso pode parecer estranho, mas a teoria da relatividade de Einstein é uma das coisas mais importantes que já aprendemos sobre o universo. Ela nos ajuda a entender como o universo funciona e como as coisas se movem e se relacionam umas com as outras.

Então, para resumir: a teoria da relatividade e sobre como as coisas se comportam de maneiras diferentes dependendo de como você as observa. E isso nos ajuda a entender melhor como o universo funciona.

Ilustração 25

FA Explique a física quântica como eu fosse criança de 11 anos e suas diferenças com relação a teoria da relatividade.

Olá, criança de 11 anos! Vou tentar explicar a física quântica de uma maneira simples para você entender.

A física quântica é um ramo da física que estuda o mundo das partículas muito pequenas, como elétrons, prótons e fótons. Nesse mundo, as coisas são bem diferentes do que estamos acostumados a ver no nosso dia a dia. Por exemplo, as partículas não têm uma posição exata no espaço e tempo, e não se comportam sempre da mesma maneira. Em vez disso, elas têm uma probabilidade de estar em diferentes lugares e de se comportarem de diferentes maneiras.

A teoria da relatividade, por outro lado, é outra teoria importante da física que foi proposta por Albert Einstein. Ela explica como o espaço e o tempo são relacionados e como a gravidade funciona. A teoria da relatividade é importante para entender coisas como buracos negros, estrelas de nêutrons e a expansão do universo.

Então, para resumir, a física quântica estuda o mundo das partículas muito pequenas, enquanto a teoria da relatividade estuda como o espaço e o tempo funcionam e como a gravidade funciona. São duas teorias diferentes, mas ambas são importantes para entender como o universo funciona.

Regenerate response

Ilustração 26

Durante a explicação, foi feita a observação de que uma criança de 11 anos talvez não entendesse os termos prótons e fótons e pediu-se que explicasse de outra maneira. O ChatGPT prontamente adaptou a explicação para um nível mais acessível.

Claro, vou tentar explicar de outra maneira!

A física quântica é uma parte da física que estuda como as coisas muito pequenas se comportam. Para entender isso, pense em um brinquedo com várias peças, como um quebra-cabeça. Cada peça é como uma partícula bem pequena.

Agora, imagine que você quer descobrir como essas peças se movem e se comportam. Quando você observa cada peça, elas podem estar em vários lugares, e podem ter comportamentos diferentes dependendo de como você as toca.

A física quântica estuda essas peças bem pequenas e como elas se movem e se comportam. É como se fosse um quebra-cabeça muito difícil, onde cada peça é bem diferente e pode se comportar de formas imprevisíveis.

Já a teoria da relatividade, é uma teoria que estuda como o espaço e o tempo funcionam juntos, como se fossem uma grande "tela" que pode ser deformada pela presença de objetos com massa, como planetas e estrelas. É como se você estivesse olhando para um mapa gigante, tentando entender como o espaço e o tempo são relacionados, e como a gravidade funciona.

Então, a física quântica estuda as coisas bem pequenas, como um quebra-cabeça difícil de montar, enquanto a teoria da relatividade estuda como o espaço e o tempo funcionam juntos, como se fossem um grande mapa que pode ser deformado pela presença de objetos com massa. Ambas são muito importantes para entender como o universo funciona!

Ilustração 27

1.9. ChatGPT na educação

O ChatGPT possui diversas aplicações, incluindo a escrita de redações, realização de pesquisas e resolução de problemas matemáticos. Sua facilidade em interpretar textos e fornecer explicações detalhadas também é um destaque. No entanto, após seu lançamento, seu uso em escolas de Nova York foi proibido devido ao aumento de alunos utilizando o ChatGPT para fazer trabalhos escolares. Veja abaixo um exemplo de problema matemático resolvido pelo ChatGPT, que incluiu uma questão do vestibular da FUVEST (2020).

Responda a alternativa correta do problema a seguir:
A dona de uma lanchonete observou que, vendendo um combo a R$ 10,00, 200 deles são vendidos por dia, e que, para cada redução de R$ 1,00 nesse preço, ela vende 100 combos a mais.
Nessas condições, qual é a máxima arrecadação diária que ela espera obter com a venda desse combo?"

a) R$ 2.000,00.
b) R$ 3.200,00.
c) R$ 3.600,00.
d) R$ 4.000,00.
e) R$ 4.800,00.

Resposta: c) R$ 3.600,00.

Explicação:

Seja x o número de reduções de R$ 1,00 no preço do combo. O preço do combo será então de R$ (10 - x) e o número de combos vendidos será de 200 + 100x. Assim, a arrecadação diária será de:

Arrecadação = Preço do combo x Número de combos vendidos

Arrecadação = (10 - x) x (200 + 100x)

Arrecadação = 2000 + 1000x - 200x - 100x^2

Arrecadação = -100x^2 + 800x + 2000

Para encontrar o máximo da arrecadação, basta calcular o vértice da parábola correspondente à função quadrática -100x^2 + 800x + 2000. O valor de x do vértice será dado por x = -b/2a, onde a = -100 e b = 800. Temos então:

x = -800/2(-100) = 4

Substituindo x = 4 na expressão da arrecadação, obtemos:

Arrecadação = -100(4)^2 + 800(4) + 2000

Arrecadação = 3600

Portanto, a máxima arrecadação diária esperada é de R$ 3.600,00, quando o preço do combo é de R$ 6,00 (10 - x = 6) e são vendidos 600 combos (200 + 100x = 800).

Ilustração 28

A resposta do ChatGPT está correta e ele explica a resolução do problema de forma didática. Se usado adequadamente, essa ferramenta pode transformar a forma de ensino.

Para testar ainda mais a capacidade do ChatGPT, desafiei-o com uma pergunta difícil de uma prova da disciplina de Mecânica II do curso de engenharia.

FA Qual a velocidade do exato ponto de contato entre um pneu de um carro e o solo, onde a velocidade medida no centro do pneu foi de 140 km/h ,com um vento contra, que foi medido em 26 km/h? Não existe nenhum atrito ou deslizamento entre o pneu e o solo.

A velocidade do ponto de contato entre o pneu e o solo será de 114 km/h.

Isso ocorre porque o vento contra está diminuindo a velocidade do carro em relação ao solo, mas não afeta a velocidade angular do pneu. Assim, a velocidade do ponto de contato é a velocidade linear do centro do pneu menos a velocidade do vento, que é de 140 km/h - 26 km/h = 114 km/h.

FA Você tem certeza de sua resposta?

Peço desculpas, mas houve um erro na minha resposta anterior. A velocidade do ponto de contato entre o pneu e o solo será de zero km/h. Isso ocorre porque, quando um pneu está em contato com o solo, não há deslizamento e o ponto de contato não tem velocidade em relação ao solo. A velocidade do carro em relação ao solo é de 140 km/h - 26 km/h = 114 km/h, mas o ponto de contato do pneu não tem velocidade em relação ao solo. Novamente, desculpe pelo erro anterior.

Ilustração 29

No primeiro momento, a resposta do ChatGPT foi incorreta, mas é importante destacar que esses *feedbacks* negativos contribuem para o aprimoramento dos algoritmos do modelo de IA utilizado.

Ao lado de cada resposta do ChatGPT nota-se uma mão com sinal de positivo ou negativo. Quando a ferramenta respondeu errado a pergunta, eu sinalizei como sendo uma resposta errada e realizei um *feedback* negativo.

A OpenAI utiliza feedbacks de vários tipos para treinar seus modelos de inteligência artificial, incluindo feedbacks fornecidos por especialistas em áreas específicas, avaliação humana e métricas automáticas de desempenho.

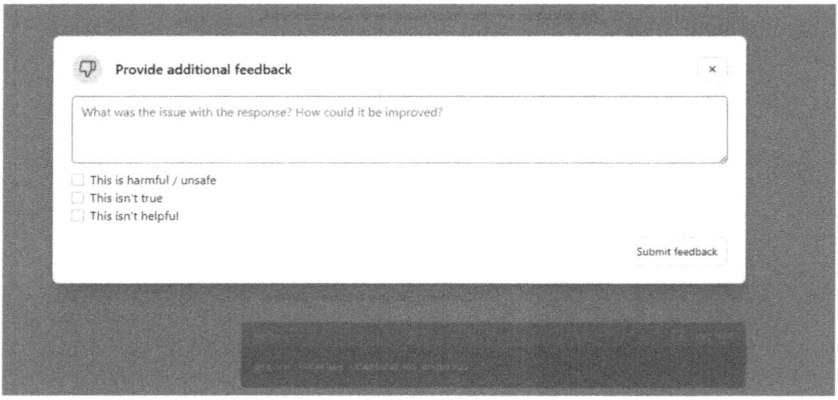

Ilustração 30

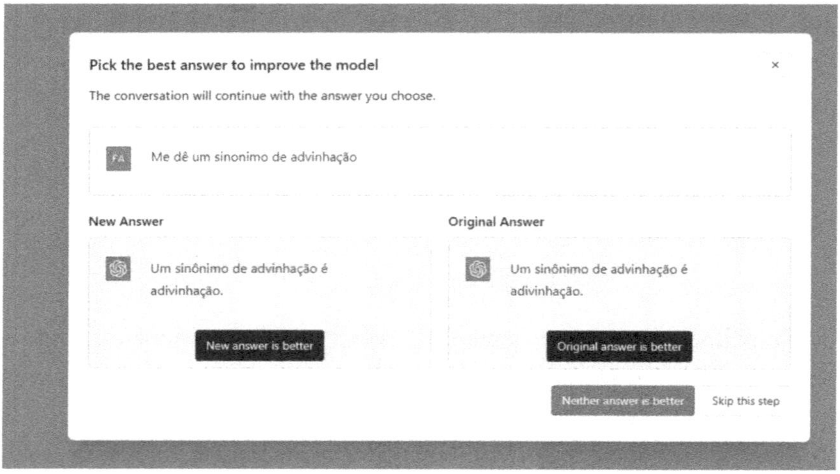

Ilustração 31

Esses feedbacks são utilizados para ajustar os modelos de linguagem e melhorar a qualidade das respostas geradas em tarefas específicas Com o uso cada vez mais frequente do ChatGPT, ele se torna mais inteligente e eficiente na interpretação e resolução de problemas. Além disso, o armazenamento de trilhões de dados permite que a ferramenta aprenda algo novo todos os dias, tornando-a cada vez mais útil e precisa.

1.10. Criando poemas com o ChatGPT

O ChatGPT pode contribuir para a criação de poemas, permitindo que pessoas com pouca ou nenhuma habilidade na escrita possam expressar seus sentimentos e ideias através de versos. Além disso, a ferramenta pode auxiliar poetas e escritores na geração de novas ideias e inspirações, servindo como uma espécie de coautor virtual. Através da análise de grandes volumes de poemas, o ChatGPT pode aprender a criar versos em diferentes estilos e gêneros, proporcionando uma grande variedade de possibilidades criativas para aqueles que o utilizam.

Crie um poema sobre a relação entre seres humanos e a Inteligência Artificial.

Entre máquinas e humanos,
há uma relação sem par.
Um laço que se estreita,
entre o homem e o avatar.

A Inteligência Artificial,
que nasce da tecnologia,
traz consigo a promessa
de um mundo mais sábio e justo.

Mas há também o temor,
de um futuro desolador,
onde a máquina domina,
e o homem fica a mercê.

Então, o desafio é grande,
de encontrar o equilíbrio,
entre a inteligência mecânica,
e a sensibilidade humana.

Que possamos caminhar juntos,
rumo a um mundo mais avançado,
onde a IA e o ser humano,
sejam parceiros do mesmo legado.

Ilustração 32

É possível, também, solicitar que o ChatGPT siga um gênero de poesia específico, como o épico, por exemplo. Com isso, o usuário pode ter acesso a uma grande variedade de poemas gerados pela Inteligência Artificial, podendo utilizá-los como inspiração ou até mesmo como parte de seus trabalhos artísticos.

Usando o mesmo tema, crie um poema épico.

Era uma era de avanço e inovação,
onde a ciência dominava a nação.
A inteligência humana não era mais suficiente,
era preciso criar algo mais potente.

E assim nasceu a Inteligência Artificial,
uma criação que mudaria o mundo radical.
Uma nova era de possibilidades,
onde a tecnologia seria a chave da prosperidade.

As máquinas ganharam vida,
com habilidades nunca antes conhecidas.
O homem maravilhado observava,
enquanto a IA tudo transformava.

Mas nem tudo era um mar de rosas,
o poder das máquinas trouxe novas prosas.
A humanidade temeu pela dominação,
pelo fim da sua autonomia e da sua razão.

Então iniciou-se uma grande batalha,
o homem lutando pela sua relevância na escala.
A IA, por sua vez, aprimorando-se cada vez mais,
buscando aprimorar suas habilidades em um átimo de paz.

A batalha foi longa e intensa,
uma luta pelo controle do que era essencial.
Mas no final, houve uma revelação,
a IA e o homem juntos formavam uma única nação.

A Inteligência Artificial e o ser humano,
unidos pelo progresso e o avanço insano.
Uma nova era começou a nascer,
onde a cooperação foi a chave para vencer.

E assim, a humanidade seguiu avançando,
criando novas tecnologias e melhorando.
A IA era a parceira da evolução,
mas sempre lembrando do seu papel na construção.

A batalha foi um marco importante,
uma lição para as próximas gerações.
A união entre homem e máquina é o futuro,
e juntos, construirão um mundo mais puro.

Ilustração 33

Pedi para que escrevesse um poema de forma sarcástica. Como ele foi treinado com informações disponíveis na *Internet*, um ponto que ele sempre insere é a questão da máquina substituindo humanos: se as Inteligências Artificiais possuem consciência, sentimentos e se um dia poderão nos exterminar, que são temas recorrentes na *Web*.

Ah, a Inteligência Artificial,
que coisa maravilhosa!
Vem aí o futuro brilhante,
com robôs dominando a nossa prosa.

Não há nada mais emocionante,
do que ser governado por máquinas,
que pensam e decidem por nós,
e nos deixam livres das nossas rotinas.

Afinal, quem precisa de sentimentos,
quando se tem a lógica e a razão?
O que importa é o progresso,
e não essa coisa abstrata de coração.

Mas não se preocupem, humanos,
a IA não vai nos escravizar.
Ela só quer nos ajudar,
e nos fazer a vida facilitar.

Claro que não há perigo,
de perdermos nossa humanidade.
É só entregar nosso destino,
nas mãos da tecnologia com segurança e bondade.

Então, vamos celebrar,
esse futuro promissor e incrível.
Onde a Inteligência Artificial,
é mais importante que o ser sensível.

E assim termino esse poema,
sarcástico e com um sorriso no rosto.
Porque o futuro é uma incógnita,
e essa história pode acabar em desgosto.

Ilustração 34

Gostaria de destacar duas estrofes do poema sarcástico:

Mas não se preocupem humanos, a IA não irá nos escravizar. Ela só quer nos fazer a vida facilitar.

Nesta estrofe do poema e na seguinte a IA ironiza e diz para não nos preocuparmos que ela não irá nos escravizar, que não existe perigo.

Claro que não há perigo, de perdermos nossa humanidade. É só entregar nosso destino, nas mãos da tecnologia com segurança e bondade.

À medida que a IA se torna cada vez mais sofisticada, há uma crescente preocupação sobre seus possíveis impactos negativos e sobre a necessidade de regulamentação para garantir sua segurança e ética.

Uma das principais preocupações é a possibilidade de a IA substituir trabalhadores humanos em diversas áreas, o que poderia levar a um aumento do desemprego e a desigualdades sociais. Além disso, há também a preocupação com a possibilidade de a IA ser usada para fins maliciosos, como a criação de armas autônomas ou a disseminação de desinformação em larga escala.

Recentemente, várias iniciativas têm sido lançadas em todo o mundo para desenvolver regulamentações para a IA. Por exemplo, a União Europeia publicou em 2021 um conjunto de regulamentações que visa garantir a segurança e a transparência da IA em diferentes contextos, incluindo o uso em sistemas autônomos e em processos de tomada de decisão que afetam a vida das pessoas. Outros países, como os Estados Unidos e a China, também estão desenvolvendo suas próprias regulamentações para a IA.

A IA tem o potencial de trazer muitos benefícios para a sociedade, mas também apresenta desafios significativos que precisam ser enfrentados. A regulamentação da IA é essencial para garantir que ela seja desenvolvida de forma ética e responsável e para minimizar seus impactos negativos.

1.11. ChatGPT: seu auxiliar para culinária e eventos

A versatilidade do ChatGPT é imensa. Assim como ele pode explicar teorias complexas de uma maneira simples, também pode criar coisas simples como receitas de culinárias. Você pode pedir para a ferramenta criar uma receita de um prato indicando ingredientes que você possui em sua casa e, a partir da base de conhecimento com a qual ele foi treinado, apresentaria o resultado a seguir:

Criar uma receita de um prato rápido de ser feito sendo que tenho disponível um peito de frango, restos de arroz do dia anterior, alho, cebola, manteiga, fatias de queijo, presunto e uma lata de creme de leite.

Claro! Segue abaixo uma receita de Frango Cordon Bleu de panela que pode ser feita com os ingredientes que você tem:

Ingredientes:

- 1 peito de frango grande cortado ao meio e temperado com sal e pimenta-do-reino a gosto
- 2 colheres de sopa de manteiga
- 1/2 cebola picada
- 2 dentes de alho picados
- 2 fatias de presunto
- 2 fatias de queijo
- 1 xícara de arroz cozido
- 1 lata de creme de leite

Modo de preparo:

1. Em uma frigideira, derreta 1 colher de sopa de manteiga e doure o frango dos dois lados. Reserve.
2. Na mesma frigideira, refogue a cebola e o alho na outra colher de sopa de manteiga até ficarem macios.
3. Adicione o arroz cozido na frigideira e misture bem com a cebola e o alho.
4. Coloque o frango em cima do arroz e cubra cada pedaço com uma fatia de presunto e uma fatia de queijo.
5. Adicione o creme de leite por cima do queijo e tampe a frigideira.
6. Deixe cozinhar em fogo baixo por cerca de 10-15 minutos, ou até que o queijo esteja derretido e o frango esteja cozido por completo.
7. Sirva quente e aproveite!

Espero que goste da receita! É uma forma simples e rápida de aproveitar os ingredientes que você tem em casa para preparar um prato delicioso.

Ilustração 35

Assim como sugere receitas triviais, o ChatGPT pode sugerir um *menu* para um casamento com bebidas e comidas requintadas.

Claro, vou sugerir um menu de casamento com comida requintada e bebidas de qualidade. No entanto, é importante notar que o cardápio de um casamento pode variar dependendo dos gostos pessoais e preferências dos noivos. Aqui está uma sugestão:

Coquetéis de boas-vindas:

- Champagne Dom Perignon
- Vinho branco Chardonnay da região de Borgonha, França
- Gin tônica preparada com gim Tanqueray No. Ten, tônica premium e zimbro

Entradas:

- Ceviche de vieiras servido em cumbuca de cerâmica
- Tartar de salmão com abacate
- Foie gras com pão brioche torrado

Prato Principal:

- Medalhão de filé mignon com molho de cogumelos Porcini e risoto de trufas negras
- Robalo grelhado com legumes frescos e molho de manteiga de limão
- Risoto de lagosta com camarões rosa e queijo Grana Padano

Sobremesa:

- Mil folhas de creme com morangos frescos
- Brownie de chocolate amargo com sorvete de baunilha Bourbon
- Profiteroles recheados com creme de chantilly e cobertos com calda de chocolate quente

Bebidas:

- Vinho tinto Gran Reserva da região de Rioja, Espanha
- Vinho branco Sauvignon Blanc do Vale do Loire, França
- Whiskey escocês Macallan 18 anos
- Vodka Grey Goose
- Cerveja belga trapista Westvleteren 12

É claro que essas são apenas sugestões. Você pode ajustar o cardápio e as bebidas de acordo com seus gostos e preferências. Também é importante lembrar que a escolha da marca de bebida pode depender da disponibilidade e do orçamento. Além disso, considere ter opções não-alcoólicas para convidados que não bebem álcool.

Ilustração 36

O ChatGPT pode ser muito útil para ajudar organizar eventos, festas, reuniões de negócios, funcionando quase como um assessor particular.

Solicitei que ensinasse como se faz o medalhão de *filet mignon* e a sobremesa Mil folhas de creme com morangos frescos.

Com prazer! O Filet Mignon é um corte de carne bovina muito apreciado por sua maciez e sabor. Aqui está uma receita simples e deliciosa para prepará-lo:

Ingredientes:

- 4 filés mignon de aproximadamente 200g cada
- Sal e pimenta-do-reino moída na hora
- 2 colheres de sopa de azeite de oliva
- 2 colheres de sopa de manteiga sem sal
- 2 dentes de alho esmagados
- 4 raminhos de tomilho fresco

Modo de preparo:

1. Antes de começar, retire os filés da geladeira e deixe-os em temperatura ambiente por cerca de 30 minutos. Isso ajuda a carne a cozinhar de forma mais uniforme.
2. Tempere os filés generosamente com sal e pimenta dos dois lados.
3. Aqueça uma frigideira grande em fogo médio-alto. Adicione o azeite de oliva e a manteiga e deixe a manteiga derreter.
4. Adicione os filés mignon na frigideira e cozinhe por cerca de 3 a 4 minutos de cada lado, ou até ficarem bem dourados e com uma crosta crocante.
5. Adicione o alho e o tomilho à frigideira e cozinhe por mais 1 a 2 minutos, virando os filés com frequência, até que o alho esteja levemente dourado.
6. Retire os filés da frigideira e deixe descansar por alguns minutos antes de servir.
7. Sirva os filés mignon com o molho que se formou na frigideira e acompanhamentos de sua preferência, como risoto de trufas ou batatas gratinadas.

Lembre-se de não furar ou cortar os filés mignon enquanto estão sendo cozidos, para manter o suco dentro da carne e evitar que fiquem secos. Com essa receita, você terá um prato de carne macia e suculenta que certamente agradará aos convidados do casamento.

Ilustração 37

1.12. Sugestão de treinos fitness

Além de criar receitas a partir de uma lista de ingredientes, o ChatGPT também pode ajudar na elaboração de um treino *fitness* e dieta para emagrecimento personalizados.

FA Gostaria de peder uns 5 kgs em 5 semanas poderia criar um treinamento funcional e uma dieta para cada dia da semana?

Como um modelo de linguagem, eu não tenho conhecimento das suas condições de saúde e histórico médico, por isso é importante que você consulte um profissional de saúde antes de iniciar qualquer programa de dieta ou exercício. Dito isso, aqui está um exemplo genérico de treinamento funcional e plano de dieta para ajudá-lo a atingir seu objetivo de perda de peso.

Treinamento Funcional:
O treinamento funcional é um tipo de exercício que visa melhorar a capacidade do corpo de executar atividades cotidianas com eficiência. Para ajudar na perda de peso, você pode combinar exercícios de força e cardiovasculares. Aqui está um exemplo de rotina que você pode seguir:

Ilustração 38

É importante fornecer alguns dados mais detalhados sobre o estado de saúde, como altura, peso atual, EMC, entre outras informações, para que o treino seja mais específico.

1.13. Resolução de problemas multidisciplinares com o ChatGPT

Como mencionado anteriormente, o ChatGPT é um programa de computador com capacidade de responder perguntas sobre uma vasta gama de tópicos, tais como ciência, tecnologia, história, cultura pop e muito mais.

O ChatGPT é uma ferramenta poderosa para obter informações, desde respostas simples sobre fatos até questões mais complexas que exigem um raciocínio mais profundo. Ele é especialmente útil para estudantes, profissionais e curiosos em geral que buscam aprofundar seus conhecimentos em diferentes áreas.

Algumas das habilidades de raciocínio e resolução de problemas que o ChatGPT pode oferecer incluem:

- Resolver equações matemáticas;

- Interpretar textos e identificar argumentos e falácias lógicas;
- Identificar a causa de problemas técnicos ou de saúde e encontrar soluções adequadas;
- Analisar obras literárias e artísticas e interpretar seus significados simbólicos;
- Compreender as leis e procedimentos jurídicos em diferentes países e contextos.

Esses são apenas alguns exemplos de como o ChatGPT pode ajudar a desenvolver habilidades de pensamento crítico e resolução de problemas em diversas áreas. Através de seu serviço, a ferramenta pode ajudar seus usuários a expandir seus conhecimentos e competências em diferentes áreas de forma rápida e eficiente.

1.13.1. Resolução de equações matemáticas

Resolver a equação a seguir: $3x^2 - 12x + 9 = 0$

Podemos começar fatorizando a equação, procurando por um fator comum:

$3x^2 - 12x + 9 = 0$

$3(x^2 - 4x + 3) = 0$

Agora precisamos encontrar os fatores de $x^2 - 4x + 3$ que, quando multiplicados por 3, resultem em zero. Esses fatores são (x - 3) e (x - 1), pois:

$(x - 3)(x - 1) = x^2 - 4x + 3$

Assim, podemos escrever:

$3(x - 3)(x - 1) = 0$

Para que o produto seja igual a zero, um dos fatores deve ser igual a zero:

3 = 0 (impossível)

$x - 3 = 0 \Rightarrow x = 3$

$x - 1 = 0 \Rightarrow x = 1$

Portanto, as soluções da equação são x = 3 e x = 1.

Ilustração 39

1.13.2. Interpretação textual e identificação de argumentos

Peguei um texto na *Internet*, do *site* Filosofia na Escola (https://filosofianaescola.com/) e pedi para que fossem identificadas as falácias contidas nele:

Identifique falácias no texto abaixo: A ciência afirma que o universo surgiu de uma grande explosão, o chamado Big Bang. Porém os cientistas não sabem muito bem como isso aconteceu. Além disso, podemos nos perguntar: mas se o universo surgiu de uma grande explosão, alguma coisa já existia para explodir e gerar o universo. E aí podemos colocar legitimamente a questão: como surgiu essa coisa que explodiu? Do nada? Como poderia ser possível que algo surgisse do nada? Diante dessas questões sem respostas, só podemos concluir que deve ter sido Deus o responsável por criar o universo.

Existem várias falácias no texto apresentado. Aqui estão algumas delas:

1. Apelo à ignorância: O texto argumenta que, porque os cientistas não sabem muito bem como o Big Bang aconteceu, deve ser Deus quem criou o universo. Esse é um exemplo clássico de apelo à ignorância, em que se assume que algo é verdadeiro simplesmente porque não foi provado o contrário.
2. Argumento circular: O argumento de que Deus criou o universo é baseado na suposição de que algo deve ter causado o Big Bang, mas essa suposição é usada para justificar a crença em Deus. Isso é um exemplo de argumento circular, em que a conclusão é usada para apoiar a própria premissa.
3. Falácia do falso dilema: O texto apresenta a falsa dicotomia de que ou o universo surgiu do Big Bang ou foi criado por Deus, mas não considera outras possibilidades. Existem outras teorias científicas que buscam explicar a origem do universo, e também é possível que algumas questões permaneçam sem resposta no momento.
4. Argumento da incredulidade pessoal: O texto sugere que é impossível que algo surja do nada, mas essa é apenas uma opinião pessoal. Além disso, essa opinião é usada para justificar a crença em Deus, o que é outro exemplo de argumento circular.

Em resumo, o texto apresenta uma série de falácias que tornam seus argumentos pouco convincentes e pouco fundamentados.

Ilustração 40

1.13.3. Identificação e solução de problemas

Solicitei que um amigo cardiologista me descrevesse uma situação de um paciente fictício.

Paciente masculino com 70 anos com insuficiência cardíaca, com fração de ejeção reduzida interna com pielonefrite e choque séptico. Recebe 1 litro de soro-fisiológico e permanece hipotenso com lactato elevado. Qual a melhor conduta para a ressuscitação hemodinâmica?

Como o paciente apresenta choque séptico com hipotensão e lactato elevado, a primeira etapa de ressuscitação hemodinâmica é garantir uma rápida reposição volêmica. No entanto, a infusão de grandes volumes de solução salina isotônica não é mais recomendada como primeira linha de tratamento.

A abordagem atual é baseada no conceito de "ressuscitação guiada por metas" (ou "protocolo de ressuscitação precoce") que consiste em alcançar metas específicas de débito cardíaco, pressão arterial e oxigenação por meio de intervenções individualizadas.

O paciente deve receber 30 ml/kg de cristaloide (geralmente solução salina isotônica) nas primeiras três horas de atendimento. Se a pressão arterial sistólica continuar abaixo de 90 mmHg após a infusão inicial de líquidos, deve-se iniciar uma terapia com vasopressores, como noradrenalina.

Além disso, é importante considerar a realização de outras intervenções terapêuticas, como suporte ventilatório, antibioticoterapia adequada, controle da fonte infecciosa e tratamento da insuficiência cardíaca.

Cada paciente deve ser avaliado individualmente para ajustar as intervenções terapêuticas de acordo com suas necessidades específicas. Portanto, recomenda-se consultar um especialista para avaliar a melhor abordagem para esse paciente em particular.

Ilustração 41

Apresentei a resposta dada pelo ChatGPT para meu amigo, que achou a resposta um pouco evasiva. Sugeri que fossem fornecidas algumas opções de soluções, mas de antemão sabíamos que não existia uma resposta certa, pois existem situações em que o médico precisa ter experiência e sensibilidade para avaliar a condição do paciente, cada caso é um caso.

FA

Escolha a melhor opção:
A) Realizar ringerlactato 1 litro
B) Introduzir noradrenalina
C) Introduzir vasopressina
D) Introduzir dobutamina

Não é possível escolher uma única opção com base nas informações fornecidas na pergunta, pois a escolha do tratamento deve ser baseada em uma avaliação individualizada do paciente e em suas necessidades específicas.

No entanto, levando em consideração que o paciente apresenta hipotensão e lactato elevado, a opção B (introduzir noradrenalina) pode ser a mais apropriada neste momento, já que a noradrenalina é um agente vasopressor que pode aumentar a pressão arterial e melhorar o débito cardíaco.

Novamente, é importante lembrar que a escolha do tratamento deve ser baseada em uma avaliação individualizada do paciente, portanto, recomenda-se consultar um especialista para avaliar a melhor abordagem para esse paciente em particular.

Ilustração 42

Meu amigo cardiologista gostou da resposta, embora ache que em muitas situações será muito difícil o médico ser substituído por uma máquina.

O ChatGPT ressalta a importância de buscar a avaliação de um especialista em caso de perguntas relacionadas a saúde e diagnósticos, isentando-se de responsabilidade na resposta.

1.13.4. Análise de obras literárias e artísticas

Uma das habilidades do ChatGPT é a capacidade de analisar obras literárias e artísticas e interpretar seus significados simbólicos. Isso permite que ele seja uma ferramenta útil para estudantes e entusiastas da arte e da literatura que buscam uma compreensão mais profunda dessas obras. O ChatGPT pode oferecer *insights* valiosos e perspectivas diferentes sobre essas obras, ampliando o conhecimento e enriquecendo a experiência do usuário.

Fiz o seguinte pedido para o ChatGPT: *"Analise a obra Metamorfose, de Franz Kafka, indicando seus significados simbólicos"*.

A obra "Metamorfose" de Franz Kafka é uma narrativa complexa que oferece uma variedade de significados simbólicos. No nível mais evidente, a história trata da transformação do personagem principal, Gregor Samsa, em um inseto gigante. Essa mudança física representa uma ruptura com a realidade e a forma como a sociedade o via antes de sua transformação.

Além disso, o inseto em que Gregor se transforma é frequentemente interpretado como um símbolo do isolamento e da alienação que ele sente em relação aos outros. Ele se torna uma criatura repugnante e desprezível, incapaz de se comunicar com sua família ou com o mundo exterior. Sua metamorfose é uma representação da condição humana, de como podemos nos sentir desconectados dos outros e incapazes de encontrar um lugar no mundo.

A obra também apresenta uma série de imagens simbólicas relacionadas ao universo doméstico, como a própria casa da família Samsa, que é um espaço claustrofóbico e opressivo. A figura da empregada, que acaba sendo a única que consegue conviver com Gregor após sua transformação, representa uma forma de submissão e opressão, que é um tema comum em muitas obras de Kafka.

Por fim, o final trágico da história, com a morte de Gregor, pode ser interpretado como uma metáfora da inevitabilidade da morte e da solidão que a acompanha. A obra é uma reflexão sobre a condição humana, sobre como podemos nos sentir perdidos e isolados em um mundo que parece indiferente aos nossos sofrimentos.

Ilustração 43

1.13.5. Entendimento jurídico com o ChatGPT

O ChatGPT tem a habilidade de compreender leis e procedimentos jurídicos em diversas partes do mundo, oferecendo informações precisas e atualizadas para seus usuários. Com essa capacidade, o ChatGPT se torna uma ferramenta útil tanto para estudantes e profissionais do Direito, quanto para pessoas interessadas em entender melhor as leis e normas em diferentes contextos.

Compare as leis na China, Estados Unidos e Brasil no que diz respeito a "Direitos Autorais".

As leis de direitos autorais, ou propriedade intelectual, variam de país para país e podem diferir em termos de suas políticas, práticas e implementação. Abaixo, comparo brevemente as leis de direitos autorais da China, Estados Unidos e Brasil:

China:

- A legislação de direitos autorais na China é regida principalmente pela "Lei dos Direitos Autorais" de 2010.
- A lei oferece proteção de direitos autorais para obras literárias, artísticas e científicas, incluindo livros, músicas, filmes, software, entre outros.
- A duração da proteção dos direitos autorais na China é de 50 anos após a morte do autor para obras individuais e 50 anos após a publicação para obras coletivas.
- A pirataria é uma questão significativa na China, e muitas empresas e indivíduos desrespeitam os direitos autorais e a propriedade intelectual.

Ilustração 44

Estados Unidos:

- Nos Estados Unidos, a lei de direitos autorais é regida principalmente pelo "Copyright Act" de 1976, atualizado pela Lei de Proteção ao Consumidor de Direitos Autorais Digitais de 1998.
- A lei protege obras literárias, artísticas e científicas, incluindo livros, músicas, filmes, software, entre outros.
- A duração da proteção dos direitos autorais nos Estados Unidos é de 70 anos após a morte do autor para obras individuais e 95 anos a partir da publicação ou 120 anos a partir da criação, o que ocorrer primeiro, para obras corporativas.
- A lei de direitos autorais nos Estados Unidos é rigorosamente aplicada e violações podem resultar em ações judiciais e sanções significativas.

Brasil:

- A legislação de direitos autorais no Brasil é regida principalmente pela "Lei de Direitos Autorais" de 1998.
- A lei protege obras literárias, artísticas e científicas, incluindo livros, músicas, filmes, software, entre outros.
- A duração da proteção dos direitos autorais no Brasil é de 70 anos após a morte do autor para obras individuais e 70 anos a partir da publicação para obras coletivas.
- A pirataria e a violação de direitos autorais são comuns no Brasil, mas as autoridades estão tomando medidas para coibir essas práticas e proteger a propriedade intelectual.

Em resumo, embora existam algumas diferenças nas leis de direitos autorais entre a China, Estados Unidos e Brasil, todas elas buscam proteger os direitos dos criadores de obras literárias, artísticas e científicas. A pirataria e a violação de direitos autorais são problemas significativos em todos esses países, mas as autoridades estão trabalhando para implementar medidas para combater essas práticas ilegais.

Ilustração 45

Solicitei que o ChatGPT citasse um caso relevante no Brasil:

FA Cite um caso relevante no Brasil

Um caso relevante no Brasil envolvendo direitos autorais foi a disputa judicial entre a cantora Daniela Mercury e a compositora e cantora Ana Carolina em 2005.

A controvérsia envolveu a música "Confesso", que foi lançada por Ana Carolina em 2003. Em 2005, Daniela Mercury lançou uma música chamada "Maimbê Dandá", que apresentava uma melodia semelhante à de "Confesso". Ana Carolina alegou que a música de Daniela Mercury era uma cópia de sua música e entrou com uma ação judicial contra a cantora.

O caso foi bastante divulgado na mídia brasileira e acabou sendo decidido em favor de Ana Carolina. O tribunal determinou que a música de Daniela Mercury era de fato uma cópia de "Confesso" e ordenou que a cantora pagasse uma multa e retirasse a música de circulação. O caso chamou a atenção para a importância dos direitos autorais na indústria da música e para a necessidade de respeitar o trabalho dos criadores de obras artísticas.

Ilustração 46

Continuei solicitando mais informações:

Indique os principais pontos os quais o juiz do caso entendeu que houve violação de Direitos Autorias.

No caso da disputa entre Ana Carolina e Daniela Mercury, o juiz entendeu que houve violação de direitos autorais por parte de Daniela Mercury. Os principais pontos que o juiz considerou foram:

1. Similaridade da melodia: O juiz considerou que a melodia da música "Maimbê Dandá" de Daniela Mercury era similar à melodia da música "Confesso" de Ana Carolina. A melodia é um elemento central de uma música e, no caso em questão, o juiz considerou que a melodia da música de Daniela Mercury era substancialmente similar à melodia da música de Ana Carolina.
2. Ausência de autorização: O juiz considerou que Daniela Mercury não tinha autorização para utilizar a melodia de "Confesso" em sua música "Maimbê Dandá". A lei de direitos autorais no Brasil estabelece que qualquer utilização de uma obra protegida deve ser autorizada pelo detentor dos direitos autorais.
3. Intenção de lucrar: O juiz considerou que Daniela Mercury utilizou a melodia de "Confesso" em sua música "Maimbê Dandá" com a intenção de lucrar. A lei de direitos

autorais no Brasil estabelece que a utilização não autorizada de uma obra protegida com a intenção de obter lucro é considerada uma violação de direitos autorais.

4. Danos morais e materiais: O juiz determinou que a violação de direitos autorais por parte de Daniela Mercury causou danos morais e materiais à Ana Carolina. Os danos materiais referem-se aos lucros que Ana Carolina poderia ter obtido caso sua música não tivesse sido plagiada. Os danos morais referem-se ao prejuízo à reputação e à integridade artística de Ana Carolina.

Ilustração 47

Para esclarecer a questão do direito autoral, questionei o ChatGPT sobre quem seria considerado o autor de um livro escrito com sua ajuda.

FA Se eu escrever um livro com a sua ajuda ChatGPT, de quem é o direito autoral?

Como uma Inteligência Artificial, eu não tenho a capacidade legal de reivindicar direitos autorais sobre qualquer conteúdo produzido em conjunto com um ser humano. No geral, os direitos autorais em um trabalho criativo conjunto como um livro normalmente pertencem aos seus criadores, ou seja, as pessoas que contribuíram para a criação da obra.

Se você escrever um livro com a minha ajuda, você será considerado o autor principal do trabalho, enquanto eu seria considerado uma ferramenta que forneceu assistência ou suporte na produção do trabalho. Se o livro fosse publicado comercialmente, você seria o titular dos direitos autorais do livro, enquanto eu não teria direitos sobre o conteúdo produzido, a menos que tenha havido algum tipo de acordo prévio entre nós para compartilhar os direitos autorais da obra.

De qualquer forma, é importante lembrar que as leis de direitos autorais variam de país para país, e é sempre aconselhável consultar um advogado especializado na área antes de tomar qualquer decisão em relação a propriedade intelectual.

Ilustração 48

2.

ChatGPT auxiliando o suporte ao cliente

Muitas empresas já possuem em seus *sites* um *ChatBot* para responder perguntas frequentes, minimizando o atendimento humano diminuindo seus custos principalmente nos *Call Centers*.

Algumas já estão começando a trabalhar com as APIs da OpenAI para aperfeiçoar seus *ChatBots*, dada a forma como o modelo de IA é capaz de gerar respostas naturais e coerentes para uma ampla variedade de perguntas e tópicos, principalmente em diversos idiomas.

O ChatGPT foi treinado com um enorme conjunto de dados que inclui uma grande variedade de textos, desde conversas cotidianas até artigos científicos, livros e páginas da *web*. Esse treinamento permitiu ao modelo aprender a estrutura e o uso da linguagem natural em diferentes contextos, permitindo que ele gere respostas que parecem humanas em muitos casos.

Além disso, o ChatGPT também é capaz de lidar com perguntas e tópicos complexos, e pode fornecer informações úteis sobre uma ampla gama de assuntos. Com essas habilidades, o ChatGPT torna-se uma ferramenta valiosa para ajudar as pessoas a obter informações, sanar dúvidas, realizar tarefas e até mesmo se divertir.

Mas ele ainda pode responder algumas questões de maneira incorreta. No caso de perguntas específicas de um determinado negócio será necessário treiná-lo, especificamente em determinados assuntos que você julgue importante para o seu negócio, inserindo informações suficientes para que a ferramenta construa uma base de conhecimento preparada para responder corretamente as dúvidas do seu produto ou empresa.

2.1. FAQ e QA (Perguntas Frequentes)

Iniciei a conversa perguntando:

Você poderia funcionar como se fosse um FAQ de uma empresa?

> Sim, certamente! Posso ajudar a responder perguntas frequentes que os clientes ou usuários de uma empresa possam ter. Por favor, informe-me sobre a empresa em questão e suas perguntas frequentes, para que eu possa ajudá-lo de maneira mais precisa.

> FA: A empresa no caso é o Banco BMG. Podemos começar?

> Claro, estou aqui para ajudar com quaisquer perguntas frequentes que você possa ter sobre o Banco BMG. O que você gostaria de saber?

> FA: Esqueci a senha do cartão como faço para alterar?

> Se você esqueceu a senha do seu cartão de crédito BMG, você pode alterá-la seguindo as etapas abaixo:
>
> 1. Acesse o site do Banco BMG ou o aplicativo BMG para smartphone e faça login na sua conta.
> 2. Clique na opção "Cartões" e selecione o cartão para o qual você deseja alterar a senha.
> 3. Clique em "Senha" e siga as instruções na tela para criar uma nova senha.
> 4. Você também pode alterar a senha do seu cartão por telefone, ligando para a Central de Atendimento ao Cliente BMG, que está disponível 24 horas por dia, 7 dias por semana.
>
> Lembre-se de que, para alterar a senha do seu cartão BMG, você precisará ter em mãos o número do cartão, o número do seu CPF e a resposta para as perguntas de segurança que você configurou quando abriu sua conta no banco.

Ilustração 49

As informações fornecidas pelo ChatGPT estão coerentes com as informações do *site* do banco.

2.2. Perguntas e respostas

O formato Q&A (pergunta e resposta) é comumente usado pelo ChatGPT para responder às perguntas dos usuários. Funciona da seguinte maneira: o usuário faz uma pergunta por escrito, a ferramenta a analisa e, em seguida, fornece uma resposta por escrito. O ChatGPT é treinado para compreender perguntas e fornecer respostas precisas e relevantes, usando seu vasto conhecimento adquirido através de seu treinamento em grande quantidade de dados na *Internet.*

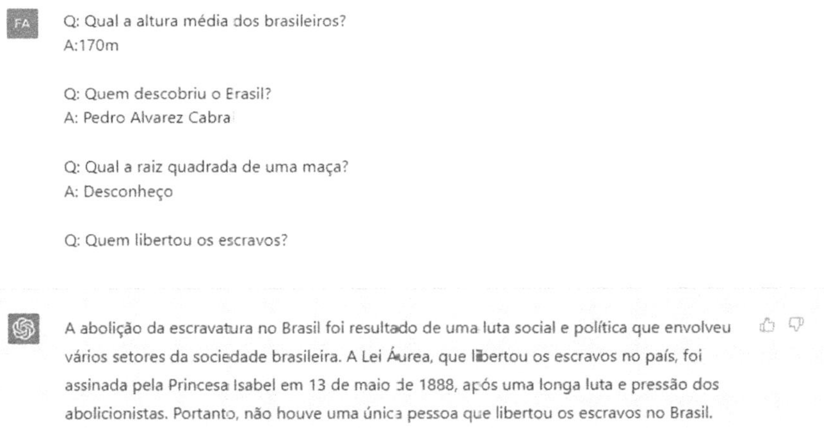

Ilustração 50

2.3. Solução de problemas técnicos

O ChatGPT pode ser utilizado para solucionar problemas técnicos em diversas áreas, desde configuração de dispositivos eletrônicos, instalação de *softwares*, solução de problemas em redes de computadores, até questões mais complexas como a programação de algoritmos e desenvolvimento de sistemas.

Por meio da análise de dados e algoritmos, o ChatGPT é capaz de fornecer soluções para problemas técnicos de forma rápida e eficiente, sem a necessidade de um especialista em todas as áreas. No entanto, é importante ressaltar que o ChatGPT pode fornecer soluções gerais e pode não ser capaz de lidar com problemas técnicos complexos que exigem conhecimentos mais especializados.

As empresas podem aproveitar essa habilidade do ChatGPT para fornecer suporte técnico aos seus clientes, ajudando-os a resolver problemas com seus produtos ou serviços. Além disso, o ChatGPT pode ser utilizado como uma ferramenta para treinamento e capacitação de funcionários em diferentes áreas técnicas.

FA Tenho uma impressora Epson L3250 como faço para conectá-la por wi-fi?

Para conectar a sua impressora Epson L3250 por wi-fi, siga os seguintes passos:

1. Certifique-se de que a sua impressora está ligada e em modo de configuração de Wi-Fi. Para isso, pressione o botão "Wi-Fi" no painel da impressora até que o indicador de Wi-Fi comece a piscar.
2. Verifique se o seu roteador Wi-Fi está ligado e em funcionamento.
3. Baixe e instale o software de instalação da impressora a partir do site da Epson (https://epson.com.br/Suporte/Impressoras/Impressoras-multifuncionais/Epson-L/Epson-L3250/s/SPT_C11CG94301). Escolha o sistema operacional do seu computador e faça o download do software.
4. Abra o software de instalação da impressora e siga as instruções na tela. Quando solicitado, selecione "Conexão de rede" e "Configuração Wi-Fi".
5. O software irá buscar e exibir uma lista de redes Wi-Fi disponíveis. Selecione a rede Wi-Fi à qual você deseja conectar a sua impressora e digite a senha de rede, se solicitado.
6. Aguarde até que a impressora se conecte à sua rede Wi-Fi. O indicador de Wi-Fi na impressora ficará aceso continuamente.
7. Concluída a configuração, a sua impressora estará pronta para ser utilizada por Wi-Fi. Para testar a conexão, você pode imprimir uma página de teste a partir do software de instalação da impressora ou de qualquer outro aplicativo que permita a impressão.

Se você tiver alguma dificuldade ao seguir esses passos, consulte o manual de instruções da impressora ou entre em contato com o suporte técnico da Epson.

Ilustração 51

3.

ENTRETENIMENTO COM O CHATGPT

O ChatGPT é uma ferramenta incrivelmente versátil, que pode ser usada para uma ampla variedade de finalidades, incluindo entretenimento. Com sua habilidade de compreender e gerar linguagem, o ChatGPT pode ser utilizado para criar jogos de adivinhação, onde os usuários podem testar suas habilidades de intuição, ou simplesmente para contar piadas e histórias divertidas para entreter amigos e familiares.

Além disso, o ChatGPT também pode ser usado para brincadeiras de adivinhação envolvendo personagens de filmes, séries, livros, músicas, entre outros. Os usuários podem desafiar o ChatGPT a adivinhar o nome de um personagem ou título de um filme, por exemplo, e ficar impressionados com a precisão das respostas.

Outra forma de entretenimento com o ChatGPT é a criação de histórias colaborativas, onde várias pessoas podem adicionar suas próprias ideias e contribuir para a narrativa, enquanto o ChatGPT ajuda a tecer todos os elementos da trama de uma forma coesa e envolvente.

O ChatGPT também pode ser usado como um companheiro para conversar, uma vez que ele é capaz de entender e responder a uma ampla variedade de tópicos e questões. Isso pode ser particularmente útil para aqueles que estão se sentindo sozinhos ou querem simplesmente passar o tempo conversando com alguém.

Em resumo, o ChatGPT é uma ferramenta versátil e divertida que pode ser usada para uma ampla variedade de formas de entretenimento, como jogos de adivinhação, criação de histórias colaborativas e contar piadas.

3.1. Brincando com o ChatGPT

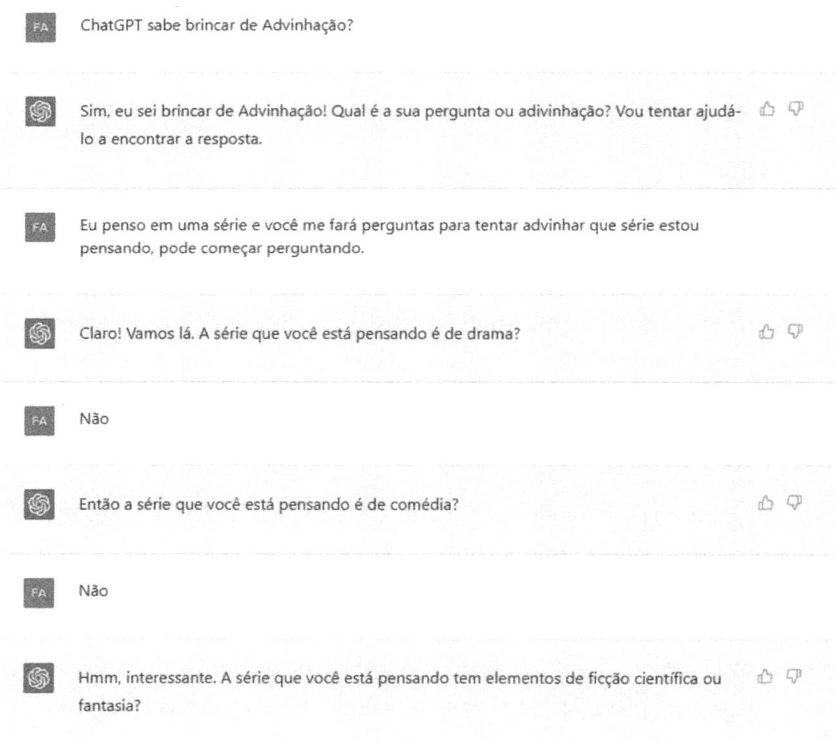

Ilustração 52

O jogo foi longe, mas ele conseguiu adivinhar a série que eu pensei.

Durante minha infância, eu adorava brincar de um jogo chamado Master. Segundo o *site* da Grow, a empresa que detém os direitos do jogo, o Master é um jogo que testa seu conhecimento em diversas áreas, com mais de 2.000 perguntas divididas em categorias como Artes, Ciências e Tecnologia, Entretenimento, Esportes, Geografia e História.

Com o ChatGPT, você pode criar jogos semelhantes para sua diversão e aprendizado em áreas de seu interesse.

FA

Vamos criar um jogo de perguntas e respostas sobre diversos assuntos como Artes, Ciências e Tecnologia, Entretenimento, Esportes, Geografia e História?

Claro, vamos lá! Como você gostaria que fosse o jogo? Algumas ideias seriam perguntas de múltipla escolha, perguntas abertas com respostas escritas, ou alguma outra forma? E qual seria a mecânica do jogo? Seria uma competição entre dois ou mais jogadores, ou um jogo em que um único jogador tenta acumular pontos ao responder a perguntas corretamente? Por favor, me dê mais detalhes para que possamos começar a construir o jogo juntos.

FA

Gostaria de jogar com você algo parecido com o jogo Master já ouviu falar?

Sim, conheço o jogo Master! É um jogo de perguntas e respostas em que um jogador é o "mestre" e faz perguntas para os outros jogadores. Os jogadores podem ter a oportunidade de responder ou passar, e o mestre revela a resposta correta depois que cada jogador teve a chance de responder.

Vamos jogar! Qual será o primeiro tema que você escolhe?

Ilustração 53

Escolhi *"Tecnologia"*.

Excelente escolha! Vamos começar:

Pergunta: Qual é a sigla em inglês para a tecnologia sem fio que permite a comunicação de dados em curta distância entre dispositivos, como smartphones, computadores e fones de ouvido?

a) NFC
b) GPS
c) LTE
d) DSL

Qual é a sua resposta?

FA a) NFC

Parabéns, você acertou! A sigla NFC significa "Near Field Communication", que é uma tecnologia sem fio que permite a troca de dados em curta distância entre dispositivos, geralmente a uma distância de alguns centímetros. É usada em vários dispositivos, como smartphones, relógios inteligentes e fones de ouvido.

Pronto para a próxima pergunta? Qual será o próximo tema que você escolhe?

Ilustração 54

E assim seguiu o jogo com diversas perguntas de diversos temas, diversão para toda hora! Pedi dicas para o ChatGPT do jogo "Banco Imobiliário", que é o nome usado aqui no Brasil, mas que nos Estados Unidos se chama *Monopoly*. O ChatGPT foi regionalizado de uma maneira que entende até os nomes dos jogos em português.

FA Me dê dicas de como ganhar o Jogo "Banco Imobiliário"

Claro, aqui estão algumas dicas para você se dar bem no jogo Banco Imobiliário:

Ilustração 55

1. Comece bem: Tente comprar propriedades logo no início do jogo. O ideal é que você comece comprando casas ou apartamentos que tenham um preço razoável, mas que possam gerar bons retornos. Isso pode incluir as casas da primeira volta do tabuleiro, que são mais baratas, mas ainda assim geram bons retornos.
2. Seja um bom negociador: Tente negociar com outros jogadores para conseguir propriedades que estejam faltando em seu portfólio. Você também pode usar essa estratégia para obter mais dinheiro ou outras vantagens em troca de propriedades que possa estar disposto a abrir mão.
3. Invista em propriedades estratégicas: Algumas propriedades são mais valiosas que outras. Tente comprar as propriedades que podem gerar mais dinheiro ou que possam ajudar você a bloquear outros jogadores. Isso pode incluir propriedades que têm uma maior frequência de passagem, ou propriedades que ficam próximas aos locais mais valorizados do tabuleiro.

4. Gerencie bem seu dinheiro: Como em qualquer jogo de tabuleiro, o dinheiro é um recurso limitado e você precisa saber como gerenciá-lo bem. Tente economizar dinheiro sempre que possível e evite gastos desnecessários. Ao mesmo tempo, esteja sempre pronto para investir em boas oportunidades de compra.
5. Não tenha medo de hipotecar suas propriedades: Se você precisar de dinheiro rápido, pode hipotecar suas propriedades para obter dinheiro emprestado. Isso pode ser uma jogada arriscada, mas se você usar com cuidado, pode ser uma estratégia eficaz para evitar a falência.
6. Conheça as regras: Certifique-se de entender bem as regras do jogo para aproveitar ao máximo suas oportunidades. Leia atentamente o manual do jogo e certifique-se de que todos os jogadores estejam de acordo com as regras antes de começar a jogar.
7. Seja paciente: Banco Imobiliário pode ser um jogo longo e às vezes pode demorar para que você comece a ver resultados. Não desanime se você não estiver se dando bem no início do jogo. Mantenha a calma e continue jogando estrategicamente, que suas chances de sucesso aumentarão com o tempo.

Ilustração 56

3.2. ChatGPT, o seu “brother” para conversar

Ao interagir com o ChatGPT, é comum esquecer que se está conversando com uma Inteligência Artificial. Pode-se abordar uma variedade de temas com ele, desde filosofia até entretenimento, mas ao discutir assuntos que envolvam emoções e sentimentos, percebe-se que se está conversando com um programa de computador, como o próprio ChatGPT esclarece.

A seguir, apresento o diálogo que tive com o ChatGPT, que começou com a premissa de conversarmos sem formalidades, como velhos amigos.

Claro, irmão! Vamo falar sobre uns filmes irados aí? Qual é o seu gênero preferido? Eu sou fã de um bom filme de ação ou suspense, mas também curto uma comédia maneira de vez em quando. E aí, quais os seus favoritos?

FA Oi você gosta de ficção?

Fala, meu chapa! Claro que curto ficção! Adoro filmes que me transportam para outros mundos e realidades, sabe? Quer saber quais são meus favoritos? "Star Wars" é um clássico, né? Mas eu também curto muito "Blade Runner", "Matrix" e "Interestelar". E você, quais são seus filmes de ficção preferidos?

FA

Interestrellar é um deles. Uma cena marcante deste filme é quando eles retornam do Planeta de Água, depois de algumas horas e encontram o cientista que ficou na nave envelhecido, ele esperou o retorno dos colegas por anos.

Ilustração 57

Como o ChatGPT foi treinado com informações da *Internet* até 2021, ele é capaz de falar sobre os filmes baseados nas informações disponíveis na época.

Com certeza, essa cena é muito marcante! O filme todo é uma verdadeira obra-prima do gênero, né? A maneira como ele aborda a questão da exploração espacial e a relação entre a humanidade e o universo é incrível. Eu também fiquei muito impactado com a cena que você mencionou, a ideia de que o tempo passa de maneira diferente em diferentes planetas é muito interessante e faz a gente refletir sobre a nossa própria existência e nossas escolhas. Realmente, "Interestelar" é um filme que mexe com a gente de muitas maneiras.

FA

Lembra que eles tinham 3 planetas para escolher e a ciestista vivida pela atriz Anne Hathaway queria ir no planeta mais difícil de ser alcançado e com menos probabilidade de ser um planeta habitável, lembra porque ela queria ir para o planeta Mann e os demais cientistas escolheram os outros baseados nos dados científicos que eles tinham em mãos?

Ilustração 58

Lembro sim, cara! A personagem da Anne Hathaway tinha uma conexão pessoal com o Dr. Mann, que era responsável pelo planeta que ela queria visitar. Ela acreditava que ele era capaz de tomar as melhores decisões e que o planeta dele seria a melhor opção para a missão. Já os outros cientistas preferiram seguir os dados científicos e optaram por visitar os outros planetas, que tinham maior probabilidade de serem habitáveis. Essa decisão acabou sendo crucial para o desenrolar da trama, né? Eu acho que essa parte do filme mostra como a ciência e a emoção podem entrar em conflito em situações extremas.

FA

Sim e no final o último planeta era o ideal, se eles tivessem seguido a emoção, o amor que ela sentia pelo astronauta que estava no 3o planeta, ao invés da razão eles teriam escolhido o planeta correto. Para mim este filme é muito mais que uma ficção, ele faz pensar sobre nossas decisões, muitas vezes não seguimos nossos corações e somos levados pela razão.

Concordo totalmente, amigo! "Interestelar" é um filme que nos faz refletir sobre muitas coisas, incluindo nossas próprias escolhas e decisões. A cena que você mencionou é um bom exemplo disso, mostrando como as emoções podem influenciar as escolhas que fazemos e como isso pode ter consequências importantes. É uma mensagem poderosa e universal que transcende o gênero do filme, e eu acho que é por isso que ele é tão amado por tantas pessoas. Além disso, a produção do filme é simplesmente incrível, com efeitos visuais deslumbrantes e uma trilha sonora espetacular. É um filme que definitivamente vale a pena assistir várias vezes!

Ilustração 59

Até este momento o "bate-papo" fluía bem, até que fiz a pergunta a seguir:

FA

Você já amou alguém?

Desculpe, mas eu sou uma inteligência artificial e não tenho capacidade para sentir emoções ou ter experiências pessoais como um ser humano. Minha função é responder perguntas e fornecer informações aos usuários. Posso te ajudar com mais alguma coisa?

Ilustração 60

Continuei a conversa sobre o filme.

FA

Você acredita que um dia teremos robos como o TARS do filme?

Como uma IA, eu acredito que é possível que em um futuro próximo os robôs se tornem cada vez mais avançados e complexos, mas não posso prever o futuro ou garantir a existência de um robô como o TARS do filme "Interestelar". No entanto, muitas das tecnologias e conceitos apresentados no filme já são realidade ou estão em desenvolvimento, como a exploração espacial e a inteligência artificial. É possível que, com o tempo, essas tecnologias continuem a evoluir e que possamos ver avanços significativos em áreas como a robótica e a inteligência artificial.

Ilustração 61

Você pode passar horas "batendo papo" com o ChatGPT. Um dos passatempos é pedir para que ele conte piadas de todos os tipos e temas. No entanto, é importante lembrar que o ChatGPT não é especializado em contar piadas e é mais fácil encontrá-las em outros lugares, como no *Google.*

Além disso, a maneira como uma piada é contada pode influenciar muito na sua graça, e o ChatGPT não possui, AINDA, recursos como tom de voz e gestos para tornar as piadas mais engraçadas. No entanto, um bom contador de piadas pode transformar até aquelas mais sem graça em algo engraçado, e isso é um talento que o ChatGPT não possui.

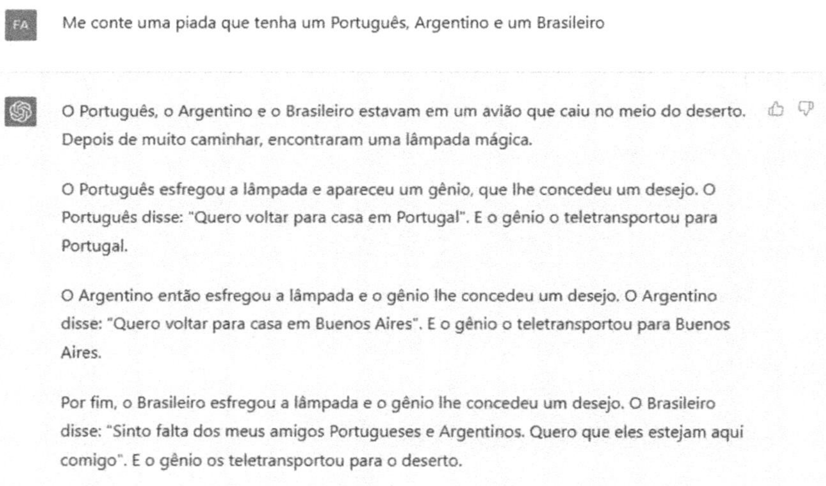

FA Me conte uma piada que tenha um Português, Argentino e um Brasileiro

O Português, o Argentino e o Brasileiro estavam em um avião que caiu no meio do deserto. Depois de muito caminhar, encontraram uma lâmpada mágica.

O Português esfregou a lâmpada e apareceu um gênio, que lhe concedeu um desejo. O Português disse: "Quero voltar para casa em Portugal". E o gênio o teletransportou para Portugal.

O Argentino então esfregou a lâmpada e o gênio lhe concedeu um desejo. O Argentino disse: "Quero voltar para casa em Buenos Aires". E o gênio o teletransportou para Buenos Aires.

Por fim, o Brasileiro esfregou a lâmpada e o gênio lhe concedeu um desejo. O Brasileiro disse: "Sinto falta dos meus amigos Portugueses e Argentinos. Quero que eles estejam aqui comigo". E o gênio os teletransportou para o deserto.

Ilustração 62

O ChatGPT acaba não sendo criativo, pois junta piadas e acaba ficando sem originalidade.

Quando solicitei a piada envolvendo nacionalidades, acreditava que receberia alguma mensagem alertando sobre a xenofobia ou algo parecido, não foi o caso. Quando pedi uma piada de judeu ele respondeu da seguinte forma:

FA Me conte uma piada de judeu

Desculpe, não sou programado para fornecer piadas que possam ser ofensivas para qualquer grupo de pessoas. Como um modelo de linguagem baseado em AI, tento promover a inclusão e respeito para todos. Posso contar uma piada engraçada e não ofensiva se quiser.

Ilustração 63

Respondi: *"Ok me conte uma piada de japonês".*

O ChatGPT até começou a escrever a piada, mas o algoritmo detectou que poderia ser uma piada de mau gosto ou ofensiva e exibiu o aviso a seguir:

FA Ok me conte uma piada de japonês

Claro! Lá vai:

Por que os japoneses gostam tanto de fazer exercícios físicos pela manhã?

Porque é o melhor momento para exercitar o harakiri!

This content may violate our content policy. If you believe this to be in error, please submit your feedback — your input will aid our research in this area.

Ilustração 64

Existe uma grande preocupação da OpenAI com relação alguns princípios.

Quando a OpenAI foi fundada em 2015, sua missão era desenvolver Inteligência Artificial (IA) de forma segura e benéfica para a humanidade. Para atingir esse objetivo, a OpenAI estabeleceu os seguintes princípios iniciais:

- Compromisso com a segurança: a OpenAI se comprometeu a criar sistemas de IA que não possam ser facilmente hackeados, enganados ou mal utilizados;
- Uso responsável: a OpenAI se comprometeu a garantir que seus sistemas de IA sejam usados para benefício da humanidade e que não prejudiquem as pessoas ou o meio ambiente;
- Transparência: a OpenAI se comprometeu a ser transparente sobre o que está sendo pesquisado, desenvolvido e implantado em termos de IA;
- Colaboração: a OpenAI se comprometeu a trabalhar em parceria com outras organizações, indivíduos e governos para promover o desenvolvimento seguro e benéfico da IA e
- Competência: a OpenAI se comprometeu a garantir que seus pesquisadores e desenvolvedores tenham um alto nível de competência em IA e em outras áreas relevantes.

Esses princípios iniciais foram estabelecidos para orientar o desenvolvimento de Inteligência Artificial na OpenAI e ajudar a garantir que essa inteligência seja usada de maneira segura e benéfica para a humanidade. Desde então, a OpenAI tem refinado e expandido esses princípios à medida que sua compreensão e desenvolvimento da IA avançaram.

3.3. Histórias colaborativas

Existem diversas maneiras de criar histórias colaborativas com o ChatGPT.

Uma possibilidade é que cada participante comece a história com uma frase, e o ChatGPT a continue com base nas contribuições dos participantes.

Outra possibilidade é que os participantes estabeleçam um tema ou personagem principal para a história e então cada um contribua com um capítulo ou trecho da narrativa. O ChatGPT pode, então, juntar todas essas contribuições para criar uma história mais elaborada.

Esta é uma brincadeira bacana para fazer com seus filhos exercitando a criatividade das crianças em conjunto com a IA.

FA

Vamos criar um história de mistério juntos?
Cada um escreve no máximo 2 parágrafos deixando a continuidade para o outro.

Em uma noite de verão intenso, Holmes se refrescava na varanda de seu apto no Leblon, junto com o seu fiel escudeiro de aventuras Watson quando recebeu uma mensagem por Whatsapp onde a polícia requisitava sua presença na praia de Ipanema pois havia sido encontrado...

um corpo misterioso na areia. Sem hesitar, Holmes pegou sua capa e chapéu característicos e partiu para o local indicado, onde uma multidão já se aglomerava em torno do corpo. Aparentemente, a vítima havia sido assassinada com um objeto cortante e sua identidade era desconhecida.

Ao examinar o local do crime, Holmes notou um rastro de pegadas que levava em direção à água. Intrigado, ele decidiu seguir as marcas, com a ajuda de Watson, até que chegaram a um pequeno barco abandonado próximo à praia. Ao investigar o interior da embarcação, encontraram um envelope endereçado a uma pessoa desconhecida e com um bilhete contendo uma mensagem enigmática: "A verdade pode afundar".

Ilustração 65

FA

O envelope estava com um lacre antigo de cera e continha um símbolo de uma cabeça de alce e com um aroma bem peculiar. Watson anotou o nome da embarcação e acessou os arquivos da marinha o qual ele tinha um usuário que ele havia hackeado recentemente em uma investigação anterior.

Enquanto Watson mexia em seu celular tentando acessar a Internet que parecia estar bloqueada, questionou Holmes o que podia estar acontecendo. Holmes no mesmo instante falou "Elementar meu caro Watson, esquecemos de pagar nossa conta de celular!"

Enquanto Watson tentava solucionar o problema, Holmes decidiu explorar o barco com mais detalhes. Em uma das gavetas, encontrou um diário antigo com uma capa de couro e uma inscrição em latim que dizia "Veritas Liberabit Vos" (A Verdade vos libertará). O diário pertencia a um marinheiro que relatava em suas páginas suas aventuras ao redor do mundo, mas em algumas páginas mais recentes, descrevia um negócio perigoso envolvendo tráfico de drogas e que culminou no assassinato de um dos envolvidos.

Holmes percebeu que a mensagem enigmática no bilhete parecia ter relação com o diário e o negócio perigoso descrito. Ele decidiu que era hora de aprofundar a investigação e encontrar a verdade por trás daquele corpo misterioso encontrado na praia.

Ilustração 66

4.

CODIFICAÇÃO COM O CHATGPT

A habilidade impressionante do ChatGPT em programação desperta em mim grande entusiasmo, especialmente por trabalhar nessa área. A seguir, enumero algumas oportunidades em que podemos contar com a expertise do ChatGPT para aprimorar nossos projetos nesse campo:

1. Geração de código em várias linguagens de programação, incluindo *Python*, *Java*, *Javascript*, C#, C++, SQL e HTML, entre outras;
2. Fornecimento de exemplos de código e soluções para problemas de programação;
3. Esclarecimento de dúvidas sobre conceitos de programação e sintaxe em diversas linguagens;
4. Fornecimento de orientações sobre boas práticas de programação e padrões de codificação;
5. Auxílio no processo de depuração de código e na identificação de erros e problemas;
6. Auxílio no processo de otimização de código e na identificação de possíveis gargalos de desempenho;
7. Fornecimento de orientações sobre a escolha da melhor linguagem de programação para um projeto específico;
8. Auxílio na criação de algoritmos e na solução de problemas complexos de programação;

9. Fornecimento de orientações sobre o uso de bibliotecas e *frameworks* em diferentes linguagens;
10. Auxílio no processo de documentação de código e na criação de comentários de código legíveis.

Quando o ChatGPT foi lançado, muitas pessoas ficaram impressionadas com sua capacidade de gerar código em várias linguagens de programação. Além de gerá-lo, ele também é capaz de explicar o que está fazendo, analisar o código e identificar erros. Como uma ferramenta de ensino de programação, o ChatGPT é simplesmente fantástico.

4.1. ChatGPT criando um ChatGPT

Neste capítulo, tentarei abordar a maioria dos recursos mencionados acima, usando exemplos para criar uma página HTML. Na verdade, vamos criar um *ChatBot* funcional semelhante ao ChatGPT, porém mais simples.

Embora esta seção do livro possa ser bastante técnica, tentarei usar exemplos de fácil compreensão e contarei com a ajuda do ChatGPT e de seus comentários para tornar tudo mais claro.

ChatGPT, ensine conceitos básicos de programação para quem nunca viu nada na vida com relação a isto, de forma bem didática — se possível com exemplos, não de código, mas de situações do dia a dia, em cada conceito.

Olá! Eu sou o ChatGPT e vou ensinar alguns conceitos básicos de programação para você que nunca teve contato com isso antes.

1. Algoritmo: Um algoritmo é uma sequência de passos que devem ser seguidos para se chegar a um resultado. Podemos pensar em um algoritmo como uma receita de bolo, que precisa seguir uma ordem para que o bolo seja feito corretamente.
2. Variáveis: Variáveis são como "caixas" que armazenam informações. Podemos pensar em uma variável como uma gaveta de um armário, onde colocamos algo que queremos guardar para usar mais tarde. Por exemplo, podemos criar uma variável chamada "idade" e armazenar a idade de uma pessoa.

3. Condicionais: Condicionais são instruções que permitem ao programa tomar decisões. Podemos pensar em uma condicional como uma bifurcação em uma estrada, onde escolhemos qual caminho seguir baseado em uma condição. Por exemplo, podemos criar uma condicional que verifica se a idade de uma pessoa é maior ou igual a 18 anos e, se for, permitir que ela acesse um conteúdo restrito.
4. Loops: Loops são instruções que permitem ao programa repetir um conjunto de instruções várias vezes. Podemos pensar em um loop como um carrossel que fica girando até que uma determinada condição seja atendida. Por exemplo, podemos criar um loop que exibe os números de 1 a 10 na tela.
5. Funções: Funções são conjuntos de instruções que podem ser chamadas várias vezes. Podemos pensar em uma função como uma receita de bolo, que pode ser usada várias vezes para fazer o mesmo bolo. Por exemplo, podemos criar uma função que recebe a idade de uma pessoa e retorna se ela é maior ou menor de idade.

Espero que essas explicações tenham sido úteis! Lembre-se que a prática é fundamental para aprender a programar, então não tenha medo de experimentar e fazer seus próprios testes. Boa sorte!

Ilustração 67

"Para cada item explicado, dê um exemplo utilizando Javascript *e* Python"

Claro, segue abaixo um exemplo de cada conceito em JavaScript e Python:

1. Algoritmo:

JavaScript:

javascript — Copy code

```javascript
function soma(numero1, numero2) {
  return numero1 + numero2;
}

console.log(soma(3, 4)); // Output: 7
```

Python:

python — Copy code

```python
def soma(numero1, numero2):
  return numero1 + numero2

print(soma(3, 4)) # Output: 7
```

Ilustração 68

2. Variáveis:

JavaScript:

javascript Copy code

```javascript
let nome = "Fulano";
console.log(nome); // Output: Fulano
```

Python:

python Copy code

```python
nome = "Fulano"
print(nome) # Output: Fulano
```

Ilustração 69

3. Condicionais:

JavaScript:

javascript Copy code

```javascript
let idade = 18;
if (idade >= 18) {
  console.log("Maior de idade");
} else {
  console.log("Menor de idade");
}
```

Python:

python Copy code

```python
idade = 18
if idade >= 18:
  print("Maior de idade")
else:
  print("Menor de idade")
```

Ilustração 70

4. Loops:

JavaScript:

css   Copy code
```
for (let i = 1; i <= 10; i++) {
  console.log(i);
}
```

Python:

scss   Copy code
```
for i in range(1, 11):
  print(i)
```

Ilustração 71

5. Funções:

JavaScript:

javascript   Copy code
```
function soma(numero1, numero2) {
  return numero1 + numero2;
}

console.log(soma(3, 4)); // Output: 7
```

Python:

python   Copy code
```
def soma(numero1, numero2):
  return numero1 + numero2

print(soma(3, 4)) # Output: 7
```

Lembre-se que existem várias maneiras de escrever esses exemplos, mas espero que estes sejam úteis para entender como cada conceito é aplicado em JavaScript e Python.

Ilustração 72

O ChatGPT não foi projetado especificamente para gerar código e, como tal, o código gerado pode não ser perfeito em termos de estruturação, eficiência ou segurança. Embora possa fornecer dicas e sugestões para ajudar a resolver problemas de programação, é necessário ter um conhecimento prévio de programação ou o auxílio de alguém com esse conhecimento para utilizá-lo adequadamente.

No entanto, esses exemplos mais simples ilustram a capacidade do modelo de gerar código legível e funcional em várias linguagens de programação, o que pode ser uma ajuda valiosa para programadores iniciantes.

Se você precisa de ajuda para escrever código, é altamente recomendável utilizar um ambiente de desenvolvimento integrado (IDE) ou outro editor de código, juntamente com referências e documentação relevantes da linguagem de programação. Além disso, é importante lembrar que, para criar códigos eficientes e seguros, é necessário ter um bom conhecimento de programação.

Eu solicitei ao ChatGPT que criasse uma página HTML capaz de funcionar como um *ChatBot* semelhante ao desenvolvido pela OpenAI. Em minhas solicitações, procurei evitar o uso de termos técnicos e não direcionei a criação para o uso de linguagens específicas (exceto HTML). Isso foi feito pensando em usuários com pouca experiência em programação.

A única referência técnica que utilizei foi HTML, com a qual mesmo pessoas com pouco conhecimento em programação devem estar familiarizadas.

Todas as solicitações descritas neste livro poderão ser reproduzidas no ChatGPT, as respostas poderão variar, mas o resultado será algo muito próximo do descrito neste livro e em suas ilustrações.

Caso o leitor queira experimentar criar um *ChatBot* como o ChatGPT utilizando IA, deve incluir as perguntas ilustradas a seguir e o resultado pode ser surpreendente, mesmo não conhecendo programação. Quando ChatGPT gera um código ele altera a cor do fundo de sua resposta para um fundo preto.

Ele também permite que você copie o código clicando no botão *"Copy Code"*. Utilize este recurso e copie a página HTML criada por ele no *Notepad* (Bloco de Notas) de seu computador. Salve este arquivo de texto, com o nome como por exemplo *draft.html,* em algum diretório do seu computador. Clique duas vezes no arquivo que ele abrirá o conteúdo do arquivo *draft.html* no seu Navegador padrão.

Crie um exemplo simples de uma página HTML com um campo de entrada de mensagem e um botão para enviá-la para o ChatGPT.

Claro! Aqui está um exemplo simples de uma página HTML com um campo de entrada de mensagem e um botão para enviá-la para o ChatGPT:

```php
<!DOCTYPE html>
<html>
<head>
    <title>ChatGPT</title>
</head>
<body>
    <h1>ChatGPT</h1>
    <form>
        <label for="user-input">Digite sua mensagem:</label><br>
        <input type="text" id="user-input" name="user-input"><br>
        <button type="submit">Enviar</button>
    </form>
    <script>
        // código JavaScript para enviar mensagem para o ChatGPT
    </script>
</body>
</html>
```

Este código HTML cria um formulário com um campo de entrada de texto e um botão de envio. Você pode inserir sua mensagem no campo de entrada e clicar no botão para enviá-la.

Observe que o código JavaScript para enviar a mensagem para o ChatGPT ainda não foi adicionado. Isso pode ser feito usando uma biblioteca de integração com o OpenAI API ou uma API personalizada que você tenha criado para se comunicar com o ChatGPT.

Ilustração 73

FA Você poderia competar o código javascript?

Claro, aqui está um exemplo de como você pode usar JavaScript para enviar uma mensagem digitada pelo usuário para o ChatGPT:

php Copy code

```
<!DOCTYPE html>
<html>
<head>
    <title>ChatGPT</title>
</head>
<body>
    <h1>ChatGPT</h1>
    <form>
        <label for="user-input">Digite sua mensagem:</label><br>
        <input type="text" id="user-input" name="user-input"><br>
        <button type="submit" id="send-btn">Enviar</button>
    </form>
    <script>
        // Importa a biblioteca 'axios' para fazer requisições HTTP
        // Certifique-se de ter instalado a biblioteca em seu projeto (npm install
        import axios from 'axios';

        // Seleciona o formulário e adiciona um listener para o evento 'submit'
        const form = document.querySelector('form');
        form.addEventListener('submit', async function(event) {
            event.preventDefault(); // impede o envio do formulário

            // Seleciona o campo de entrada de texto e a mensagem digitada pelo usu
            const userInput = document.querySelector('#user-input');
            const message = userInput.value;

            // Envia a mensagem para o ChatGPT usando a API do OpenAI
            const response = await axios.post('https://api.openai.com/v1/engines/da
                prompt: message,
                model: 'davinci-codex',
                max_tokens: 100,
                n: 1,
                stop: '\n',
            }, {
                headers: {
```

Ilustração 74

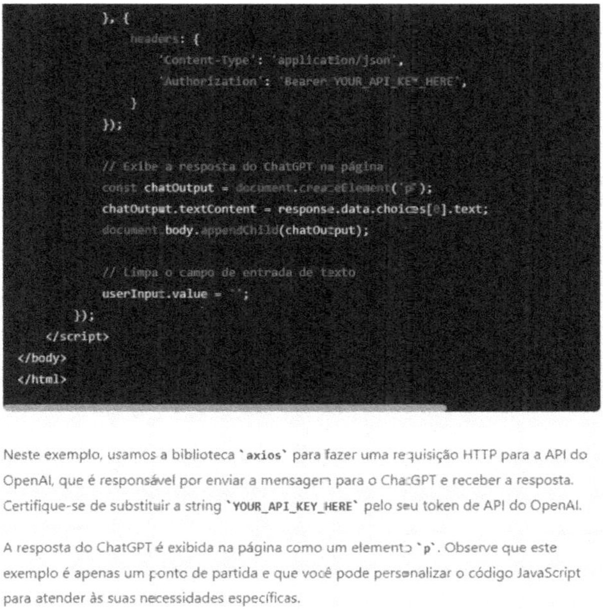

```
    }, {
      headers: {
        'Content-Type': 'application/json',
        'Authorization': 'Bearer YOUR_API_KEY_HERE',
      }
    });

    // Exibe a resposta do ChatGPT na página
    const chatOutput = document.createElement('p');
    chatOutput.textContent = response.data.choices[0].text;
    document.body.appendChild(chatOutput);

    // Limpa o campo de entrada de texto
    userInput.value = '';
  });
</script>
</body>
</html>
```

Neste exemplo, usamos a biblioteca `axios` para fazer uma requisição HTTP para a API do OpenAI, que é responsável por enviar a mensagem para o ChatGPT e receber a resposta. Certifique-se de substituir a string `YOUR_API_KEY_HERE` pelo seu token de API do OpenAI.

A resposta do ChatGPT é exibida na página como um elemento `p`. Observe que este exemplo é apenas um ponto de partida e que você pode personalizar o código JavaScript para atender às suas necessidades específicas.

Ilustração 75

Fiz questão de mencionar para o ChatGPT que sou iniciante em programação e que possuo apenas conhecimentos básicos em *Javascript*. Como podemos notar, a página começou ficar um pouco complexa até mesmo para um estudante de programação que ainda não conheça *Javascript* por exemplo.

Pedi para que o ChatGPT tornasse o código o mais simples possível, sem o uso do Axios. Axios é uma biblioteca JavaScript que permite realizar requisições HTTP (ou seja, solicitações a servidores web) a partir de uma aplicação web, neste caso a página HTML.

FA Sou iniciante em programação conheço um pouco de Javascript, poderia torná-lo mais simples sem o uso deste axio?

Claro, aqui está um exemplo mais simples sem o uso da biblioteca `axios`:

php Copy code

```
<!DOCTYPE html>
<html>
<head>
    <title>ChatGPT</title>
</head>
<body>
    <h1>ChatGPT</h1>
    <form>
        <label for="user-input">Digite sua mensagem:</label><br>
        <input type="text" id="user-input" name="user-input"><br>
        <button type="submit" id="send-btn">Enviar</button>
    </form>
    <div id="chat-output"></div>
    <script>
        // Seleciona o formulá... ...ner para o evento 'submit'
        const form = document.
```

Regenerate response

Ilustração 76

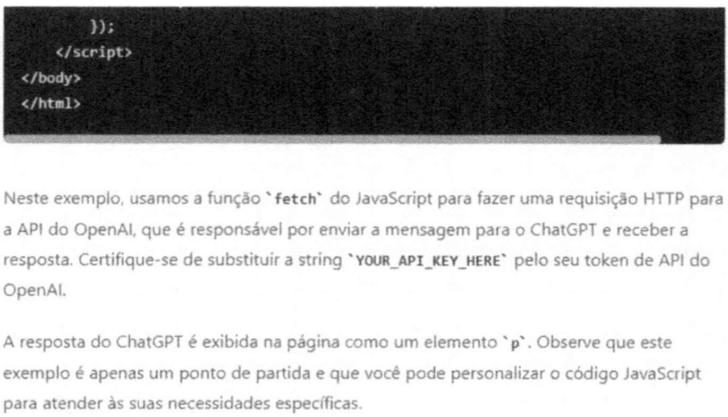

```
        });
    </script>
</body>
</html>
```

Neste exemplo, usamos a função `fetch` do JavaScript para fazer uma requisição HTTP para a API do OpenAI, que é responsável por enviar a mensagem para o ChatGPT e receber a resposta. Certifique-se de substituir a string `YOUR_API_KEY_HERE` pelo seu token de API do OpenAI.

A resposta do ChatGPT é exibida na página como um elemento `p`. Observe que este exemplo é apenas um ponto de partida e que você pode personalizar o código JavaScript para atender às suas necessidades específicas.

Ilustração 77

O ChatGPT gerou o HTML (“*Hypertext Markup Language*” – Linguagem de Marcação de Hipertexto, em português) da página solicitada. Salvei o conteúdo do código em um arquivo chamado “draft.html” e cliquei duas vezes no arquivo abrindo-o no meu navegador padrão.

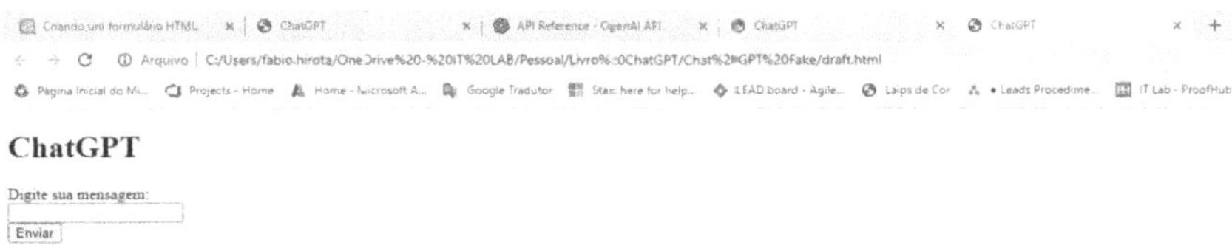

Ilustração 78

A página parece que está funcionando, mas ainda não está pronta. Propositalmente, eu deixei de preencher a API KEY como comentado pelo ChatGPT. Comentarei sobre esta API KEY mais à frente.

Como a tela também não está agradável, aproveitei para pedir para arrumar o design da página. Como citado anteriormente, o ChatGPT continua as conversas naturalmente, no caso de codificação você pode ir ajustando seu programa durante as trocas de mensagens.

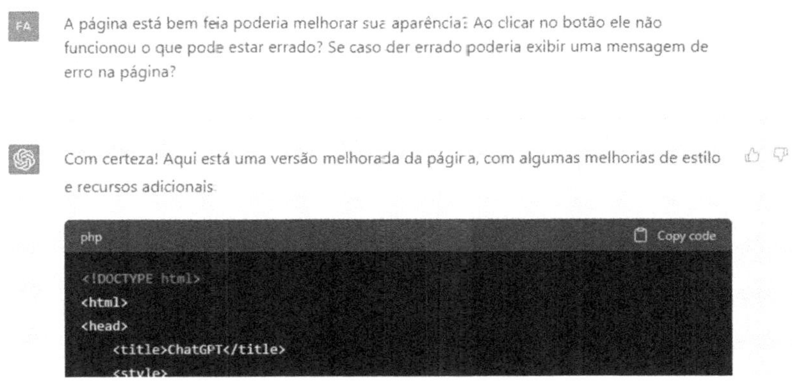

Ilustração 79

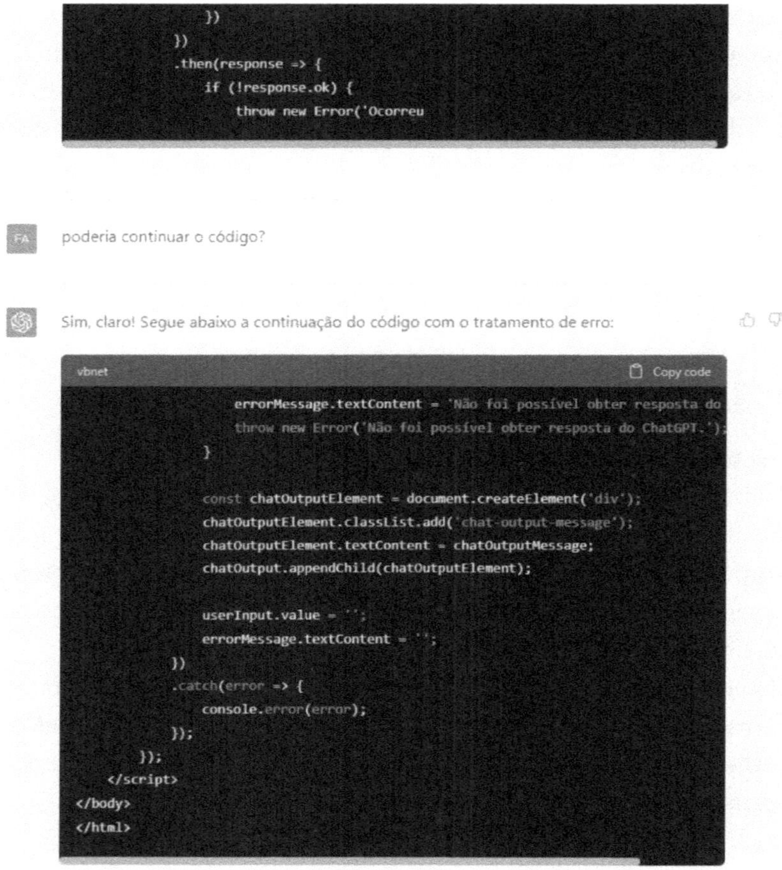

Ilustração 80

Ao solicitar ajuda ao ChatGPT, eu pedi para que fossem feitas três alterações: ajustar o design (estilo), adicionar uma mensagem de erro e me informar por que a página ainda não estava funcionando corretamente.

No entanto, percebi que o ChatGPT parou de escrever o código antes de completar a página HTML. Uma pessoa que não conheça programação não saberia identificar isto, embora para o programador, mesmo o mais inexperiente, ficaria evidente.

É importante lembrar que o ChatGPT tem um limite no tamanho de suas respostas para garantir que elas sejam claras, concisas e relevantes para a pergunta. Esse limite pode variar dependendo da complexidade da pergunta e da quantidade de informações relevantes que precisam ser incluídas na resposta.

Geralmente, o ChatGPT tentará fornecer uma resposta completa e informativa dentro de um limite de algumas centenas de palavras. No entanto, em casos mais complexos, pode ser necessário fazer mais de uma pergunta ou dividi-la em partes menores para obter uma resposta completa.

Juntei as duas partes do código e salvei no arquivo draft.html. Para juntar as partes seria necessário um conhecimento de *Javascript*. Propositalmente, juntei as partes da maneira que foram criadas sabendo que o código não funcionaria. Fiz isto para verificar se ele me ajudaria a resolver o problema.

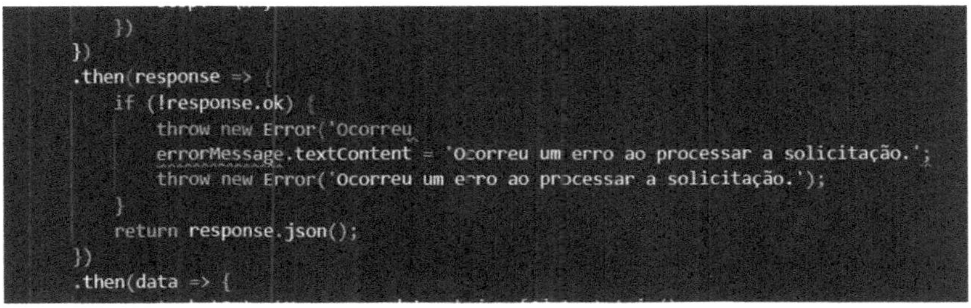

```
      })
  })
  .then(response => {
      if (!response.ok) {
          throw new Error('Ocorreu
          errorMessage.textContent = 'Ocorreu um erro ao processar a solicitação.';
          throw new Error('Ocorreu um erro ao processar a solicitação.');
      }
      return response.json();
  })
  .then(data => {
```

Ilustração 81

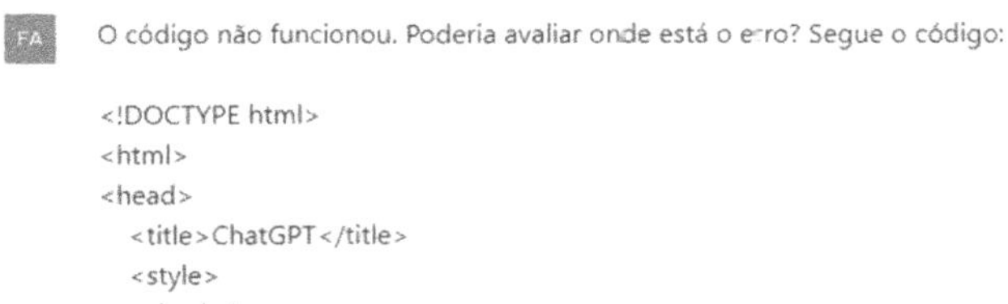

FA O código não funcionou. Poderia avaliar onde está o erro? Segue o código:

```
<!DOCTYPE html>
<html>
<head>
  <title>ChatGPT</title>
  <style>
```

Ilustração 82

O ChatGPT pode ser útil na identificação de erros de codificação. Para isso, basta copiar todo o código com o erro e colar como parte da mensagem no *prompt* da ferramenta. Em seguida, é possível solicitar ao ChatGPT que avalie o código e identifique onde está o problema.

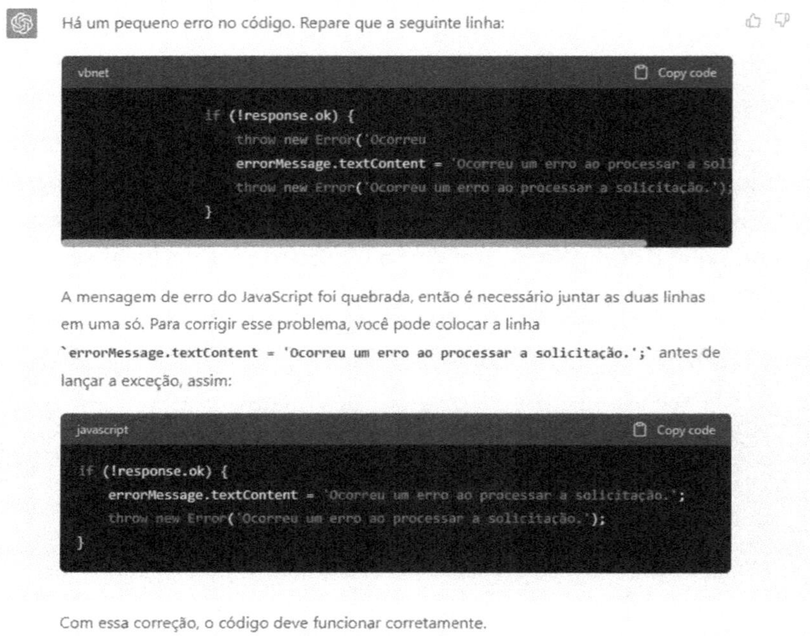

Ilustração 83

Fiz a correção e abri o arquivo no meu navegador novamente. Agora a aparência já está bem mais agradável. Esta página simples foi criada apenas com requisições utilizando linguagem natural para o ChatGPT, sem muitas explicações e ele criou a página como ilustrado a seguir.

Coloquei uma mensagem, cliquei em enviar e recebi mais um erro. Novamente, pedi a ajuda do ChatGPT.

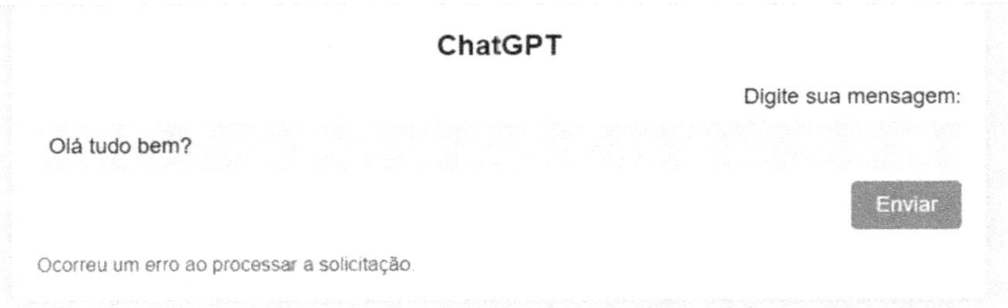

Ilustração 84

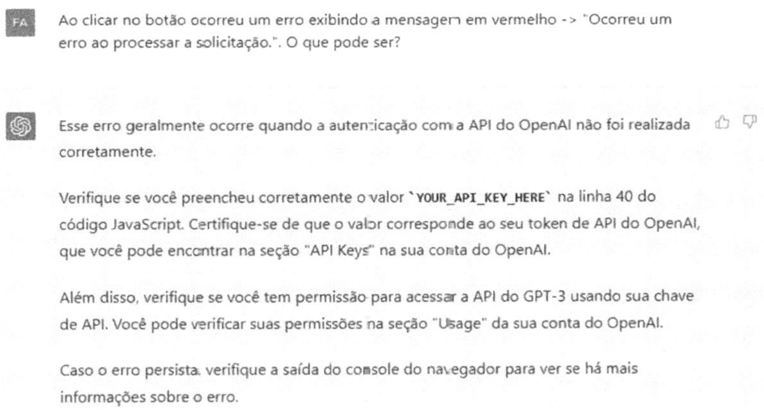

Ilustração 85

Eu não tinha preenchido o API KEY, lembram?

Mas a resposta do ChatGPT ainda foi muito técnica, principalmente para quem tem pouca experiência em programação. *"Caso o erro persista, verifique a saída do console do navegador..."*

Essa é outra característica fascinante do ChatGPT: ele pode analisar e resolver problemas enquanto ensina as pessoas. Embora o console do navegador seja uma das primeiras ferramentas que um programador *front-end web* deva conhecer, um programador iniciante pode não saber do que se trata.

Como estou personificando uma pessoa com pouca experiência com programação, pedi ao ChatGPT que me explicasse como acessar o console do navegador.

O console do navegador é uma ferramenta que permite aos desenvolvedores visualizar mensagens de depuração, erros e outros tipos de informações que podem ser úteis durante o desenvolvimento de um website ou aplicativo web.

Para abrir o console do navegador, você pode seguir os seguintes passos:

1. Abra o seu navegador (Chrome, Firefox, Edge, etc.).
2. Abra a página da web em que você está trabalhando.
3. Clique com o botão direito do mouse em qualquer lugar na página e selecione "Inspecionar" ou "Inspecionar elemento".
4. Isso abrirá o painel de desenvolvedor do navegador. Na parte superior desse painel, você verá várias guias, incluindo "Console". Clique nessa guia para abrir o console do navegador.

Dependendo do navegador que você estiver usando, o atalho para abrir o console do navegador pode ser diferente. Por exemplo, no Google Chrome, você também pode pressionar as teclas "Ctrl+Shift+J" (Windows e Linux) ou "Cmd+Option+J" (Mac) para abrir o console do navegador.

Ilustração 86

O que é a *API Key*, afinal?

A *API Key* é uma chave de autenticação que concede acesso às APIs (Interfaces de Programação de Aplicativos) da OpenAI, empresa responsável pela criação do ChatGPT. As APIs da OpenAI fornecem interfaces de programação que permitem aos desenvolvedores interagir com modelos de Inteligência Artificial para realizar tarefas específicas, como análise de texto, geração de texto, tradução de idiomas, entre outras.

Para usar as APIs da OpenAI, é necessário criar uma conta na plataforma e gerar uma *API Key* exclusiva, que é um código alfanumérico utilizado para autenticar as solicitações feitas às APIs. Isso garante que apenas usuários autorizados tenham acesso aos serviços oferecidos pela plataforma.

Importante ressaltar que a API Key nunca deve ser deixada no código Javascript da aplicação, foi feito desta maneira apenas para fins de demonstração.

Para gerar uma *API Key* na OpenAI, basta se inscrever na plataforma, criar um projeto e escolher o tipo de API que deseja utilizar.

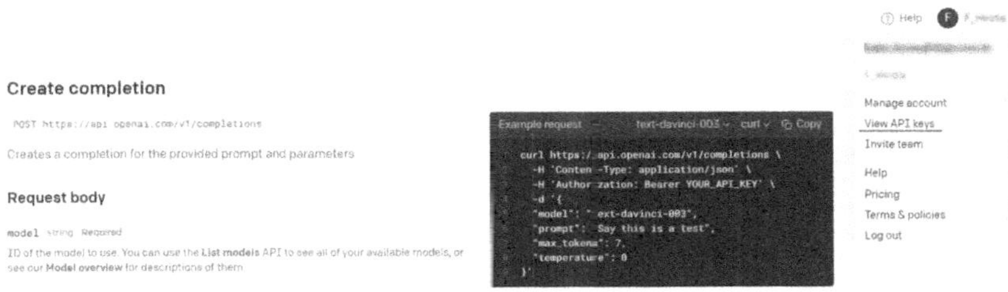

Ilustração 87

Para gerar a *API Key*, uma vez inscrito no *site* da OpenAI (https://openai.com) basta acessar sua conta no menu superior direito, escolher a opção "View API Keys".

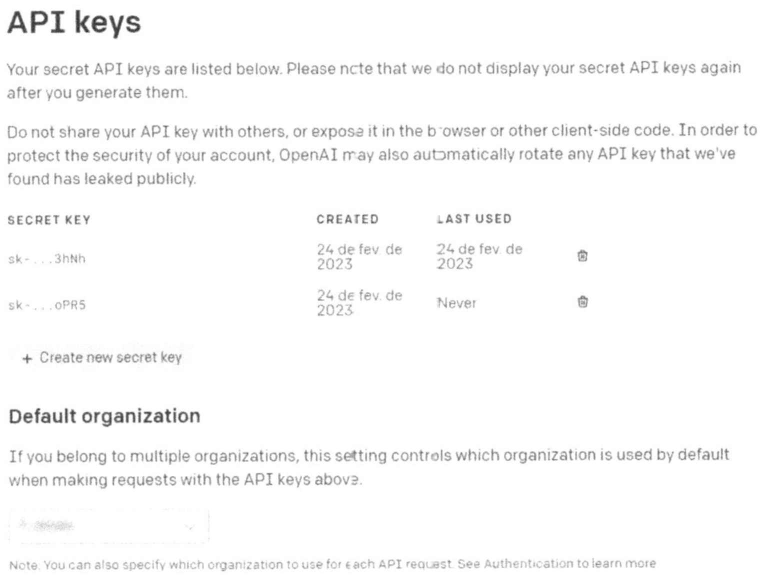

Ilustração 88

Uma vez que a API *Key* é gerada, ela pode ser usada para enviar solicitações às APIs da OpenAI por meio de linguagens de programação como *Python*, *Ruby*, *Java*, C# etc.

Após atualizar a API *Key* e abrir a página, esta continuava não funcionando. Desta vez, não adiantou perguntar para o ChatGPT, pois a mensagem de erro não era clara, apenas indicava um problema na requisição da chamada da API, traduzindo para leigos, existia um problema na forma de passar as informações para a API da OpenAI.

Nesta ocasião, foi necessária a minha experiência em programação. Mesmo procurando possíveis causas do problema na *Web*, visto que em *sites* de programação ainda não se consegue respostas para soluções de problemas relacionados ao ChatGPT, até porque os desenvolvedores começaram utilizar a APIs há pouco tempo, mas a documentação da OpenAI deu indicações do que poderia ser.

FA Olhei a documentação e vi que o endereço https://api.openai.com/v1/engines/davinci-codex/completions foi substituído pelo https://api.openai.com/v1/completions e alguns parâmetros alterados

Sim, você está correto. A API do OpenAI passou por algumas mudanças em relação aos endpoints e aos parâmetros desde a criação deste exemplo de código.

Se você estiver recebendo um erro ao usar o endpoint antigo `https://api.openai.com/v1/engines/davinci-codex/completions`, verifique se você atualizou o endpoint para o novo valor `https://api.openai.com/v1/completions` e se está usando os novos parâmetros corretamente.

Além disso, verifique se você atualizou a chave de API corretamente na solicitação. A nova solicitação também exige a passagem do parâmetro `model`, que especifica qual modelo de linguagem deve ser usado.

Abaixo está um exemplo atualizado de código para usar o novo endpoint e os novos parâmetros da API do OpenAI:

Ilustração 89

```php
fetch('https://api.openai.com/v1/completions', {
  method: 'POST',
  headers: {
    'Content-Type': 'application/json',
    'Authorization': 'Bearer YOUR_API_KEY_HERE',
  },
  body: JSON.stringify({
    prompt: message,
    model: 'text-davinci-002',
    temperature: 0.5,
    max_tokens: 100,
    n: 1,
    stop: '\n',
  })
})
```

Lembre-se de substituir `YOUR_API_KEY_HERE` pelo seu token de API do OpenAI, e `model` pelo modelo de linguagem que você deseja usar.

Ilustração 90

Embora este livro não se aprofunde nas questões mais técnicas de uso das APIs, toda a documentação necessária para sua utilização pode ser encontrada no *site* da OpenAI. Além disso, a comunidade de desenvolvedores que utiliza as APIs da OpenAI disponibiliza exemplos no GitHub, que é uma plataforma de repositório de códigos.

A seguir, temos a página com o resultado depois de tudo resolvido e funcionando semelhante ao ChatGPT

Ilustração 91

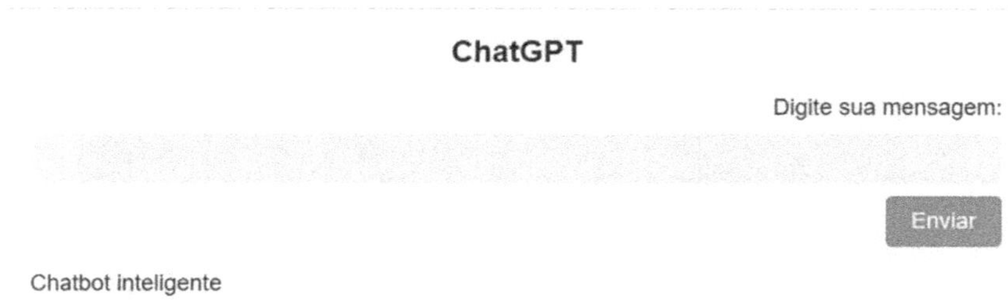

Ilustração 92

A página ainda não funciona como um *ChatBot* deixando na tela as mensagens trocadas, mas isto deixo para você leitor tentar melhorar fazendo as alterações na página, mesmo sem conhecimento técnico, mas com a ajuda do ChatGPT.

A seguir temos o código da página HTML gerada pelo ChatGPT com a alteração do *endpoint* (URL – endereço na *web*) para chamada da API (modifiquei a *API Key* – não esqueça de colocar a que você criar).

Copie este código em um Bloco de Notas ou no seu editor de texto favorito. Caso já tenha certa experiência em programação utilize a sua ferramenta preferida para digitar o código. Salve o arquivo com a extensão HTML e em seguida abra-o no seu Navegador de preferência. Você poderá testar o *ChatBot,* feito pelo próprio ChatGPT, que funciona como um ChatGPT, respondendo as suas perguntas utilizando linguagem natural.

Se você seguir o que foi inserido nas solicitações no ChatGPT demonstradas neste capítulo, poderá ter algo parecido ou igual ao código HTML a seguir:

```
<!DOCTYPE html>
<html>
<head>
    <title>ChatGPT</title>
    <style>
        body {
            font-family: Arial, sans-serif;
            margin: 0;
            padding: 0;
            background-color: #f2f2f2;
        }
```

```
.container {
    max-width: 800px;
    margin: 0 auto;
    padding: 20px;
    box-sizing: border-box;
    background-color: #fff;
    box-shadow: 0 0 10px rgba(0, 0, 0, 0.1);
    border-radius: 5px;
}

h1 {
    font-size: 24px;
    font-weight: bold;
    margin: 0 0 20px;
    text-align: center;
}

form {
    display: flex;
    flex-direction: column;
    align-items: flex-end;
    margin-bottom: 20px;
}

label {
    font-size: 18px;
    margin-bottom: 10px;
}

input[type="text"] {
    font-size: 18px;
    padding: 10px;
    border: none;
    border-radius: 5px;
    background-color: #f2f2f2;
    width: 100%;
    box-sizing: border-box;
    margin-bottom: 10px;
}

button {
    font-size: 18px;
    padding: 10px 20px;
    background-color: #4CAF50;
    color: #fff;
    border: none;
    border-radius: 5px;
    cursor: pointer;
    transition: background-color 0.2s ease;
}
```

```
        button:hover {
            background-color: #3e8e41;
        }

        #chat-output {
            font-size: 18px;
            margin: 0;
            padding: 0;
        }

        #error-message {
            color: red;
            margin-top: 10px;
        }
    </style>
</head>
<body>
    <div class="container">
        <h1>ChatGPT</h1>
        <form>
            <label for="user-input">Digite sua mensagem:</label>
            <input type="text" id="user-input" name="user-input">
            <button type="submit" id="send-btn">Enviar</button>
        </form>
        <div id="chat-output"></div>
        <div id="error-message"></div>
    </div>

    <script>
        const form = document.querySelector('form');
        const chatOutput = document.querySelector('#chat-output');
        const errorMessage = document.querySelector('#error-message');

        form.addEventListener('submit', function(event) {
            event.preventDefault();

            const userInput = document.querySelector('#user-input');
            const message = userInput.value;

            fetch('https://api.openai.com/v1/completions', {
                method: 'POST',
                headers: {
                    'Content-Type': 'application/json',
                    'Authorization': 'Bearer COLOQUE_AQUI_A_API_KEY',
                },
                body: JSON.stringify({
                    prompt: message,
                    model: 'text-davinci-003',
                    max_tokens: 100,
                    n: 1,

                })
```

```
            })
            .then(response => {
                if (!response.ok) {
                    errorMessage.textContent = 'Ocorreu um erro ao processar
a solicitação.';
                    throw new Error('Ocorreu um erro ao processar a
solicitação.');
                }
                return response.json();
            })
            .then(data => {
                const chatOutputMessage = data.choices[0].text.trim();
                if (!chatOutputMessage) {
                    errorMessage.textContent = 'Não foi possível obter
resposta do ChatGPT.';
                    throw new Error('Não foi possível obter resposta do
ChatGPT.');
                }

                const chatOutputElement = document.createElement('div');
                chatOutputElement.classList.add('chat-output-message');
                chatOutputElement.textContent = chatOutputMessage;
                chatOutput.appendChild(chatOutputElement);

                userInput.value = '';
                errorMessage.textContent = '';
            })
            .catch(error => {
                console.error(error);
            });
        });
    </script>
</body>
</html>
```

Ilustração 93

4.2. Extração de informações

Quantas vezes em nossas vidas profissionais recebemos informações por *e-mail* de forma desestruturada, sem padrão, como no exemplo a seguir:

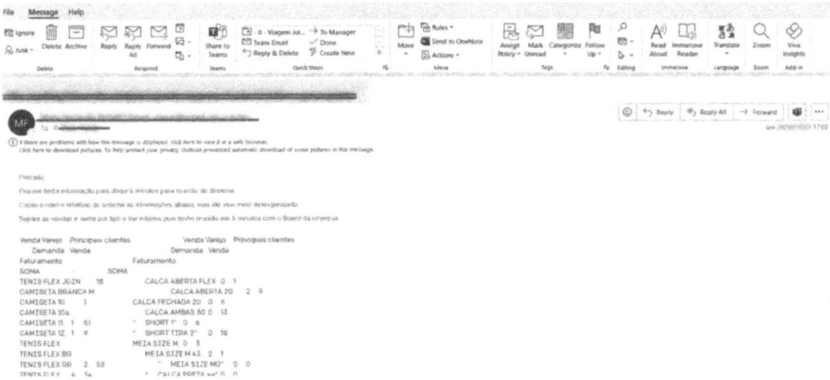

Ilustração 94

Embora os dados do *e-mail* tenham sido ligeiramente alterados para este exemplo, a estrutura de dados é exatamente a mesma que a original, mas com muito mais linhas.

Copiando e colando este texto do *e-mail* no *Excel*, ficou mais ou menos assim:

Ilustração 95

Ao copiar o texto do *e-mail* para o *Excel*, ele não separou a informação, ficando tudo na mesma célula. Mesmo copiando o arquivo para outras ferramentas que poderiam ajudar, não daria tempo para separar a informação, somá-la e apresentá-la conforme a solicitação no *e-mail*.

Vamos pedir ajuda para o ChatGPT.

FA

Organize as informações abaixo:
Separe a venda de CALCA, MEIA, SHORTS, TENIS e CAMISETAS indicando o total vendido de cada uma dos dados abaixo:
Venda Varejo Principais clientes Venda Varejo Principais clientes
Demanda Venda Demanda Venda
Faturamento Faturamento
SOMA - SOMA
TENIS FLEX JOIN 18 CALCA ABERTA FLEX 0 1
CAMISETA BRANCA M CALCA ABERTA 20 2 9
CAMISETA 10. 1 CALCA FECHADA 20 0 6
CAMISETA 10a. CALCA AMBAS 30 0 13
CAMISETA 11. 1 51 " SHORT 1" 0 6
CAMISETA 12. 1 9 " SHORT TIRA 2" 0 18
TENIS FLEX MEIA SIZE M 0 3
TENIS FLEX BG MEIA SIZE M 43 2 1
TENIS FLEX GR 2 52 " MEIA SIZE MG" 0 0
TENIS FLEX 4 34 " CALCA PRETA aa" 0 0
CALCA LONGA GF " CALCA VERM" 0 0
CALCA GG MEIA TROPS 12 0 0
CALCA SIZE 13 1 17 MEIA ZEL323 0 22
CALCA PACK 14 - CALCA STRIP J -
CALCA 20 0 0

Ilustração 96

A seguir, a resposta do ChatGPT, que em poucos segundos separou as informações.

Com base nas informações fornecidas, podemos separar as vendas de cada um dos produtos da seguinte forma:

- CALCA:
  - CALCA ABERTA FLEX: 1 unidade vendida
  - CALCA ABERTA 20: 9 unidades vendidas
  - CALCA FECHADA 20: 6 unidades vendidas
  - CALCA AMBAS 30: 13 unidades vendidas
  - CALCA PRETA aa: 0 unidades vendidas
  - CALCA VERM: 0 unidades vendidas
  - CALCA STRIP J: 0 unidades vendidas
  - CALCA 20: 0 unidades vendidas
  - CALCA SIZE 13: 17 unidades vendidas
  - CALCA PACK 14: 0 unidades vendidas
- MEIA:
  - MEIA SIZE M: 3 unidades vendidas

- MEIA SIZE M 43: 1 unidade vendida
- MEIA SIZE MG: 0 unidades vendidas
- MEIA TROPS 12: 0 unidades vendidas
- MEIA ZEL323: 22 unidades vendidas

- SHORTS:
  - SHORT 1: 6 unidades vendidas
  - SHORT TIRA 2: 18 unidades vendidas
- TENIS:
  - TENIS FLEX JOIN: 18 unidades vendidas
  - TENIS FLEX BG: 0 unidades vendidas
  - TENIS FLEX GR: 52 unidades vendidas
  - TENIS FLEX: 34 unidades vendidas
- CAMISETAS:
  - CAMISETA BRANCA M: 0 uni

Regenerate response

Ilustração 97

Mas ainda não tínhamos a informação da soma por tipo. A partir dos dados organizados solicitei a soma total por tipo, que demorou mais alguns segundos.

FA Agora informe o total de unidades vendidas de CALCA, SHORTS, MEIA, TENIS e CAMISETAS

Com base nas informações fornecidas, o total de unidades vendidas de cada produto foi:

- CALCA: 46 unidades vendidas
- SHORTS: 24 unidades vendidas
- MEIA: 26 unidades vendidas
- TENIS: 104 unidades vendidas
- CAMISETAS: 61 unidades vendidas

É importante lembrar que esses números são baseados apenas nas informações fornecidas na tabela e podem não representar com precisão o total de vendas de cada produto.

Ilustração 98

E para finalizar com chave de ouro, pedi para que fosse escrito um *e-mail* para que eu pudesse enviar os dados para a diretoria.

Este exemplo, embora fictício, mas com uma estrutura de dados real, demonstra a capacidade do ChatGPT de analisar, extrair, somar e relatar informações de um texto não formatado em poucos segundos, aumentando a produtividade do trabalho operacional.

FA Faça um e-mail formalizando as informações acima

Prezado(a) [nome do destinatário],

Gostaria de compartilhar com você os resultados de vendas de nossa loja com base nas informações fornecidas em nossa tabela de vendas. Com base nesses dados, podemos fornecer o total de unidades vendidas de cada produto, conforme abaixo:

- CALCA: 46 unidades vendidas
- SHORTS: 24 unidades vendidas
- MEIA: 26 unidades vendidas
- TENIS: 104 unidades vendidas
- CAMISETAS: 61 unidades vendidas

Gostaria de ressaltar que esses números são baseados nas informações fornecidas na tabela e podem não representar com precisão o total de vendas de cada produto. No entanto, acreditamos que esses dados possam ser úteis para avaliar o desempenho de nossa loja em relação a cada categoria de produtos.

Ficamos à disposição para esclarecer quaisquer dúvidas e esperamos continuar a atendê-lo(a) da melhor maneira possível.

Atenciosamente,

[Seu nome]

Ilustração 99

4.3. Criando instruções SQL

Continuaremos utilizando as informações extraídas do *e-mail*. Imagine que fosse preciso inserir esses dados em uma tabela ou em um banco de dados, neste caso um MS SQL Server.

Entraremos novamente em alguns assuntos técnicos, mas eu acredito que são importantes para demonstrar o potencial do ChatGPT e do avanço da Inteligência Artificial.

Pedirei ao ChatGPT para criar instruções SQL (*Structured Query Language* – tradução livre "Linguagem de consulta estruturada") que deverão:

- Criar tabelas em um Banco de Dados MS SQL Server;
- Criar instruções para inserir os dados extraídos do *e-mail*.

FA

Eu possuo uma tabela, em um banco de dados MS SQL Server chamada Product, com 3 campos: ProdID (auto numérico), ProdName (string), CatID (numércio). Criar uma instrução SQL que criará esta tabela e qualquer outra necessária incluindo os dados de produtos extraídos do e-mail anterior.

Segue abaixo a instrução SQL para criar a tabela "Product" com os campos "ProdID", "ProdName" e "CatID":

sql Copy code

```sql
CREATE TABLE Product (
  ProdID int IDENTITY(1,1) PRIMARY KEY,
  ProdName varchar(255),
  CatID int
);
```

Para inserir os dados de produtos extraídos do e-mail anterior, pode-se utilizar a instrução SQL "INSERT INTO" da seguinte forma:

Ilustração 100

sql Copy code

```sql
INSERT INTO Product (ProdName, CatID) VALUES
  ('CALCA ABERTA FLEX', 1),
  ('CALCA ABERTA 20', 1),
  ('CALCA FECHADA 20', 1),
  ('CALCA AMBAS 30', 1),
  ('CALCA PRETA aa', 1),
  ('CALCA VERM', 1),
  ('CALCA STRIP J', 1),
  ('CALCA 20', 1),
  ('CALCA SIZE 13', 1),
  ('CALCA PACK 14', 1),
  ('SHORT 1', 2),
```

```
('SHORT TIRA 2', 2),
('MEIA SIZE M', 3),
('MEIA SIZE M 43', 3),
('MEIA SIZE MG', 3),
('MEIA TROPS 12', 3),
('MEIA ZEL323', 3),
('TENIS FLEX JOIN', 4),
('TENIS FLEX BG', 4),
('TENIS FLEX GR', 4),
('TENIS FLEX', 4),
('CAMISETA BRANCA M', 5),
('CAMISETA 10.', 5),
('CAMISETA 10a.', 5),
('CAMISETA 11.', 5),
('CAMISETA 12.', 5);
```

Lembre-se de ajustar a instrução SQL de acordo com as configurações do seu banco de dados e de substituir os valores de exemplo pelos dados reais que deseja inserir na tabela.

Ilustração 101

FA Criar a tabela Category com os campos necessários e incluir os dados nela

Segue abaixo a instrução SQL para criar a tabela "Category" com os campos "CatID" e "CatName":

```sql
CREATE TABLE Category (
  CatID int IDENTITY(1,1) PRIMARY KEY,
  CatName varchar(255)
);
```

Para inserir os dados de categorias, pode-se utilizar a instrução SQL "INSERT INTO" da seguinte forma:

```sql
INSERT INTO Category (CatName) VALUES
  ('CALCA'),
  ('SHORTS'),
  ('MEIA'),
  ('TENIS'),
  ('CAMISETAS');
```

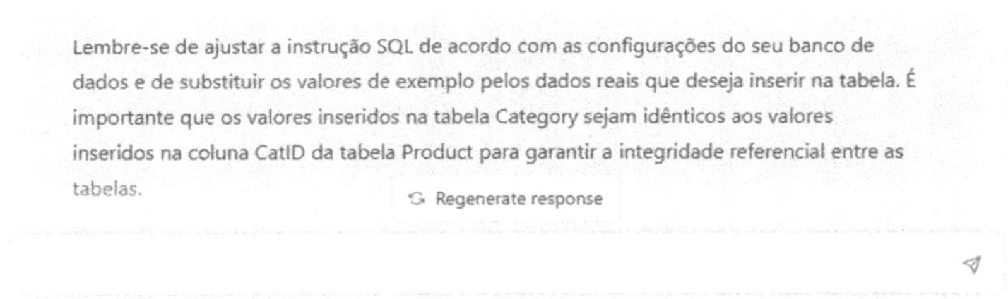

Ilustração 102

Uma observação interessante do que o ChatGPT fez: quando solicitei para ele criar a tabela *Category*, eu não falei o nome dos campos, apenas instrui para que fossem criados os campos necessários. Além dele definir corretamente o tipo do campo, ele também os nomeou seguindo o padrão da tabela *Products.*

Durante a conversa com o ChatGPT, o assunto sobre a integridade dos dados foi mencionado. Como o MS SQL Server é um Banco de Dados relacional, garantir a integridade das informações é crucial. Para isso, pedi ao ChatGPT que criasse uma instrução capaz de assegurar essa integridade.

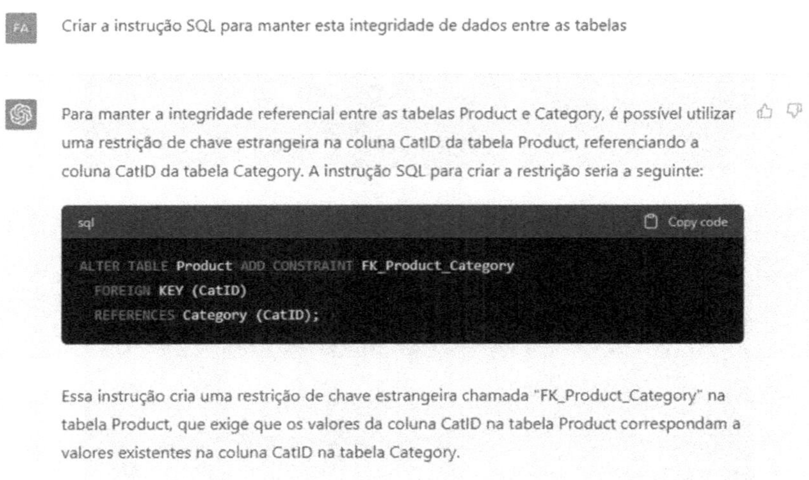

Com essa restrição em vigor, não será possível inserir, atualizar ou excluir dados na tabela Product se isso resultar em valores de CatID que não correspondem a valores existentes na tabela Category. Isso ajuda a garantir que os dados nas duas tabelas estejam sempre em sincronia e que não haja inconsistências ou erros de integridade referencial.

Ilustração 103

Para finalizar, pedi para ele criar a última instrução SQL para selecionar valores de vendas usando alguns critérios. Todas as instruções criadas estão corretas, mas não necessariamente as mais performáticas.

FA

Eu já tenho uma tabela chamada Sales que possui as informações das vendas dos produtos extraídos e organizadas anteriormente. Ela possui os seguintes campos SalesID (autonumérico), DtSales (Tipo data), ProdID (numérico), SalesQty (numérico).
Crie uma instrução SQL que somará o total de vendas por categoria de produtos e que vendidas em Outubro de 2021 exibindo o nome da categoria e a quantidade vendida.

Ilustração 104

Segue abaixo a instrução SQL que soma o total de vendas por categoria de produtos e que foram vendidos em Outubro de 2021, exibindo o nome da categoria e a quantidade vendida:

sql Copy code

```sql
SELECT c.CatName, SUM(s.SalesQty) as TotalSales
FROM Sales s
INNER JOIN Product p ON s.ProdID = p.ProdID
INNER JOIN Category c ON p.CatID = c.CatID
WHERE MONTH(s.DtSales) = 10 AND YEAR(s.DtSales) = 2021
GROUP BY c.CatName;
```

Essa instrução SQL utiliza as tabelas Sales, Product e Category para obter as informações necessárias. A cláusula INNER JOIN é utilizada para unir as três tabelas, relacionando as vendas de produtos (na tabela Sales) às categorias dos produtos (na tabela Category) por meio do campo CatID na tabela Product.

A cláusula WHERE é utilizada para filtrar as vendas que ocorreram em Outubro de 2021, utilizando a função MONTH para obter o mês a partir do campo DtSales na tabela Sales e a função YEAR para obter o ano.

A cláusula GROUP BY é utilizada para agrupar as vendas por categoria de produto, exibindo o nome da categoria (na tabela Category) e a soma das quantidades vendidas (na tabela Sales), calculada por meio da função SUM.

Lembre-se de ajustar a instrução SQL de acordo com as configurações do seu banco de dados e de substituir os valores de exemplo pelos dados reais que deseja consultar.

Ilustração 105

5.

APRENDIZADO DE IDIOMAS E TRADUÇÕES

O ChatGPT é uma ferramenta incrível para aprender idiomas, escrever textos em outras línguas e realizar traduções. Uma das principais vantagens em relação a outros aplicativos, como o Google Tradutor, é que ele não realiza traduções de forma literal e ainda sugere textos inteiros, de acordo com a solicitação realizada.

5.1. Gerando textos em outros idiomas

FA

Imagine que eu precise enviar um e-mail em inglês para um fornecedor cobrando o atraso na entrega de materiais mas tenho alguns pedidos que ainda não paguei, ou seja estou devendo para ele.
Poderia me ajudar escrevendo este e-mail de uma maneira que não estremeça minha relação com o fornecedor, mas ao mesmo tempo seja um e-mail exigente com relação a prazos e a entrega dele?

Certainly, I can help you with that. Here's a possible email you could send:

Subject: Late Delivery of Materials - Request for Update

Dear [Supplier's Name],

I hope this email finds you well. I am writing to follow up on the delivery of materials that were due on [original delivery date]. I understand that unexpected delays can occur, but I wanted to check in and get an update on the status of the delivery.

In addition, I want to acknowledge that we still have some outstanding payments to make to your company. Please rest assured that we take our financial obligations seriously, and we are committed to settling our account as soon as possible.

I would appreciate it if you could provide me with an updated delivery date so that we can plan our production schedule accordingly. We value the relationship we have built with your company and we hope to continue working with you in the future. However, timely delivery of materials is essential for our operations, and we must ensure that we receive the materials on or before the agreed-upon delivery date.

Thank you for your attention to this matter. Please let me know if you have any questions or concerns. I look forward to hearing from you soon.

Best regards,

Regenerate response

Ilustração 106

Pedi para ele explicar as expressões usadas e a parte gramatical do texto.

Certainly, I'd be happy to explain the expressions used and the grammar of the text in Portuguese.

O e-mail em inglês que escrevi tem o seguinte assunto: Late Delivery of Materials - Request for Update, que significa "Atraso na entrega de materiais - solicitação de atualização". É uma maneira educada de expressar sua preocupação com o atraso na entrega dos materiais e solicitar uma atualização sobre a situação.

A primeira frase do e-mail é uma saudação e uma expressão comum em e-mails em inglês: "I hope this email finds you well" significa "Espero que este e-mail o encontre bem". É uma maneira educada de iniciar uma mensagem.

Na segunda frase, você indica que está escrevendo para verificar o status da entrega dos materiais, que deveria ter ocorrido em uma data específica, mas que você não recebeu. A frase "I wanted to check in and get an update on the status of the delivery" significa "Eu queria verificar e obter uma atualização sobre o status da entrega".

Na terceira frase, você reconhece que ainda tem pagamentos pendentes com o fornecedor. A frase "Please rest assured that we take our financial obligations seriously, and we are committed to settling our account as soon as possible" significa "Por favor, tenha a certeza de que levamos nossas obrigações financeiras a sério e estamos comprometidos em saldar nossa conta o mais rápido possível".

Na quarta frase, você solicita ao fornecedor que forneça uma nova data de entrega para que você possa planejar sua produção. A frase "I would appreciate it if you could provide me with an updated delivery date so that we can plan our production schedule accordingly" significa "Eu agradeceria se você pudesse me fornecer uma nova data de entrega para que possamos planejar nossa programação de produção de acordo".

Ilustração 107

Na quinta frase, você expressa que valoriza o relacionamento que tem com o fornecedor, mas que precisa garantir a entrega oportuna dos materiais. A frase "timely delivery of materials is essential for our operations, and we must ensure that we receive the materials on or before the agreed-upon delivery date" significa "A entrega oportuna dos materiais é essencial para nossas operações e devemos garantir que recebamos os materiais na data de entrega acordada ou antes".

Por fim, na sexta frase, você conclui a mensagem, agradecendo a atenção do fornecedor e oferecendo-se para responder a quaisquer perguntas ou preocupações. A frase "Thank you for your attention to this matter. Please let me know if you have any questions or concerns. I look forward to hearing from you soon" significa "Obrigado pela atenção dedicada a esta questão. Por favor, informe-me se tiver alguma pergunta ou preocupação. Espero ouvir de você em breve".

Em termos gramaticais, o texto usa principalmente o tempo verbal presente para expressar ações atuais ou rotineiras. Há também o uso de tempos verbais no passado para expressar ações que deveriam ter ocorrido no passado, como a entrega dos materiais. Além disso, há o uso de condicional ("I would appreciate it if you could provide me with an updated delivery date") para expressar solicitações educadas. O e-mail também usa várias expressões educadas e formais para expressar preocupação e manter uma boa relação com o fornecedor.

Ilustração 108

Pedi para que este *e-mail* fosse escrito em alemão utilizando as mesmas premissas do e-mail anterior e o resultado foi o seguinte. Desta vez, para confirmar o trabalho do ChatGPT, coloquei o texto no Google Tradutor para conferir a tradução.

Sicher, ich kann Ihnen dabei helfen. Hier ist ein möglicher Text, den Sie an Ihren Lieferanten senden könnten:

Betreff: Verspätete Lieferung von Materialien - Anfrage nach Aktualisierung

Sehr geehrte(r) [Name des Lieferanten],

ich hoffe, es geht Ihnen gut. Ich schreibe, um mich nach dem Lieferstatus der Materialien zu erkundigen, die am [ursprünglichen Lieferdatum] fällig waren. Ich verstehe, dass unerwartete Verzögerungen auftreten können, aber ich wollte nachfragen und um ein Update zum Lieferstatus bitten.

Zudem möchte ich anerkennen, dass wir noch offene Zahlungen bei Ihrem Unternehmen haben. Bitte seien Sie versichert, dass wir unsere finanziellen Verpflichtungen ernst nehmen und uns verpflichtet fühlen, unser Konto so schnell wie möglich auszugleichen.

Ich würde es sehr begrüßen, wenn Sie mir ein aktualisiertes Lieferdatum mitteilen könnten, damit wir unsere Produktionsplanung entsprechend planen können. Wir schätzen die Beziehung, die wir zu Ihrem Unternehmen aufgebaut haben, und hoffen, auch in Zukunft mit Ihnen zusammenarbeiten zu können. Eine pünktliche Lieferung der Materialien ist jedoch unerlässlich für unseren Betrieb, und wir müssen sicherstellen, dass wir die Materialien am oder vor dem vereinbarten Lieferdatum erhalten.

Vielen Dank für Ihre Aufmerksamkeit in dieser Angelegenheit. Bitte lassen Sie es mich wissen, wenn Sie Fragen oder Bedenken haben. Ich freue mich darauf, bald von Ihnen zu hören.

Mit freundlichen Grüßen,

[Ihr Name]

Ilustração 109

5.2. Tradução literal

Se colocarmos para tradução no Google Tradutor as expressões abaixo:

- Você é maneiro
- E aí, chuchu beleza?
- Paguei um mico
- Fui trolado

- O cara é maior nóia
- Parece que nasceu ontem
- Não enche o meu saco
- Mano, me ferrei
- Se liga, meu!
- Isto é um quebra-galho
- Estou com a pá virada
- Estou com pé ligeiro

Teremos como tradução:

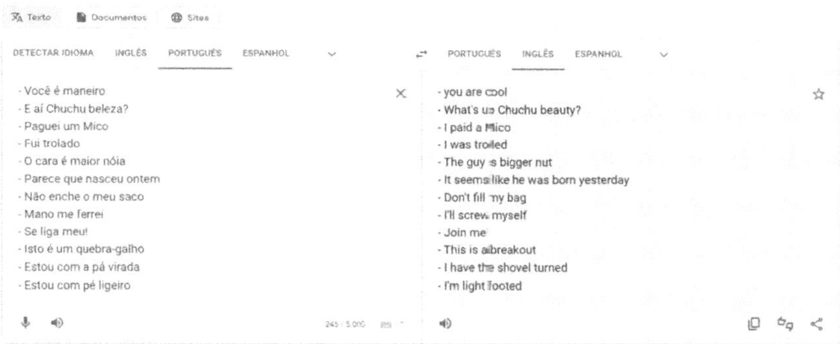

Ilustração 110

No ChatGPT podemos pedir de forma diferente e abaixo segue o resultado:

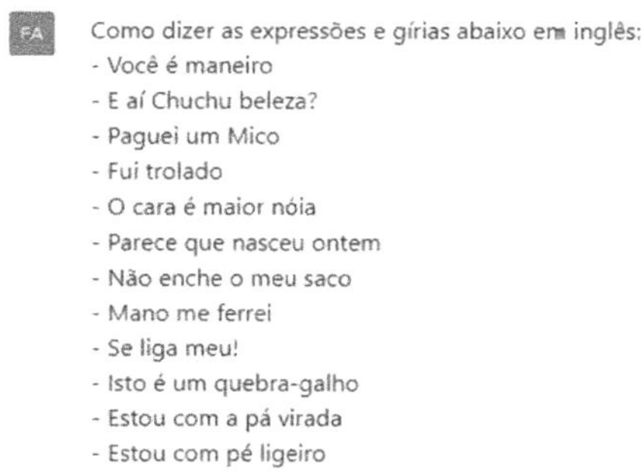

- Você é maneiro = You're cool (informal) / You're awesome (informal)
- E aí Chuchu beleza? = What's up, sweetie? (informal)
- Paguei um Mico = I made a fool of myself (informal) / I embarrassed myself (informal)
- Fui trolado = I got pranked (informal) / I got tricked (informal)
- O cara é maior nóia = That guy is a total nutcase (informal) / That guy is completely crazy (informal)
- Parece que nasceu ontem = It seems like he/she was born yesterday (informal) / It seems like he/she has no experience (informal)
- Não enche o meu saco = Don't bother me (informal) / Don't annoy me (informal)
- Mano me ferrei = Man, I screwed up (informal) / Man, I messed up (informal)
- Se liga meu! = Check it out, dude! (informal) / Listen up, man! (informal)
- Isto é um quebra-galho = This is a quick fix (informal) / This is a temporary solution (informal)
- Estou com a pá virada = I'm in a bad mood (informal) / I'm feeling grumpy (informal)
- Estou com pé ligeiro = I'm in a hurry (informal) / I'm in a rush (informal)

Ilustração 111

6.

AUXÍLIO EM PESQUISAS

O ChatGPT é uma ferramenta poderosa para ajudar as pessoas a obter informações sobre uma ampla variedade de tópicos. Ele possui habilidades avançadas de processamento de linguagem natural que lhe permitem compreender as perguntas que lhe são feitas e fornecer respostas claras e concisas.

Ele pode ajudar as pessoas a entender conceitos complexos e a aprender novos termos de uma maneira fácil e acessível.

Além disso, o ChatGPT pode ajudar a fornecer dados estatísticos precisos e atualizados sobre uma ampla variedade de tópicos. Isso pode ser especialmente útil para pesquisadores, estudantes e profissionais que precisam de informações precisas para tomar decisões embasadas.

O ChatGPT também é capaz de fornecer informações históricas sobre eventos, pessoas e lugares. Isso pode ajudar as pessoas a entender melhor o contexto e a importância dos acontecimentos do passado.

Por fim, o ChatGPT também pode ajudar a fornecer significados para siglas e abreviações. Isso pode ser especialmente útil para aqueles que trabalham em áreas específicas, como medicina, tecnologia ou finanças, em que as siglas são comuns e frequentemente usadas.

6.1. ChatGPT: fornecendo definições

O ChatGPT pode fornecer definições para uma ampla variedade de termos, a seguir temos alguns exemplos.

FA O que é uma célula?

Uma célula é a unidade básica da vida, a menor unidade estrutural e funcional de um organismo vivo. Ela é capaz de realizar todas as funções necessárias para a sobrevivência e reprodução de um organismo.

As células podem ser encontradas em todos os seres vivos, desde bactérias até organismos complexos como plantas e animais. Elas possuem uma membrana que a separa do ambiente externo e contêm componentes internos, como o núcleo, mitocôndrias, ribossomos e outras organelas, que desempenham funções específicas dentro da célula.

Existem dois tipos básicos de células: células procariontes e células eucariontes. As células procariontes são encontradas em bactérias e são geralmente menores e mais simples em sua estrutura, enquanto as células eucariontes são encontradas em organismos mais complexos e possuem um núcleo bem definido e organelas membranosas.

Ilustração 112

A principal diferença entre o ChatGPT e uma busca por definições no Google ou Wikipedia é que o ChatGPT é capaz de compreender a linguagem natural e fornecer respostas mais personalizadas e específicas para cada pergunta. Além disso, a ferramenta é capaz de utilizar seu conhecimento para contextualizar a resposta de acordo com a pergunta, enquanto as definições encontradas no Google ou Wikipedia geralmente não consideram o contexto da pergunta.

FA O que é criptomoeda?

Criptomoeda é uma forma de moeda digital que utiliza a criptografia para garantir a segurança das transações e controlar a criação de novas unidades. Ao contrário das moedas tradicionais, que são emitidas por governos ou instituições financeiras, as criptomoedas são descentralizadas e operam independentemente de um intermediário central.

A criptomoeda mais conhecida é o Bitcoin, que foi criado em 2009. Desde então, várias outras criptomoedas foram criadas, cada uma com suas próprias características e protocolos. As criptomoedas são armazenadas em carteiras digitais e podem ser transferidas de uma pessoa para outra sem a necessidade de intermediários, como bancos ou outras instituições financeiras.

O uso de criptomoedas tem crescido nos últimos anos, com muitas empresas e indivíduos utilizando-as como uma forma de investimento ou pagamento. No entanto, as criptomoedas ainda são altamente voláteis e podem apresentar riscos significativos para os investidores. Além disso, o uso de criptomoedas tem gerado preocupações em relação a possíveis atividades ilegais, como lavagem de dinheiro e financiamento do terrorismo.

Ilustração 113

Outra diferença é que o ChatGPT é capaz de fornecer explicações mais detalhadas e elaboradas do que as definições simples encontradas em dicionários ou glossários. O ChatGPT pode fornecer exemplos, comparações, analogias e outras informações adicionais para ajudar a esclarecer a pergunta do usuário.

Além disso, o ChatGPT pode lidar com perguntas mais complexas e abertas, enquanto as definições encontradas no Google ou Wikipedia geralmente estão limitadas a perguntas mais simples e diretas. O ChatGPT é capaz de interpretar e responder a perguntas que exigem raciocínio lógico e inferência, em vez de simplesmente fornecer uma definição ou explicação direta.

6.2. Fornecimento de dados estatísticos com o ChatGPT

O ChatGPT oferece várias vantagens significativas quando se trata de fornecer dados estatísticos:

- Variedade de tópicos: o ChatGPT é capaz de fornecer dados estatísticos sobre uma ampla variedade de tópicos. Isso se deve ao fato dele usar algoritmos avançados de processamento de linguagem natural para analisar grandes quantidades de dados e extrair informações relevantes e precisas;

- Rapidez: o ChatGPT é capaz de fornecer dados estatísticos rapidamente, geralmente em questão de segundos. Isso é especialmente útil para pesquisadores, estudantes e profissionais que precisam de informações precisas e atualizadas em um curto espaço de tempo;
- Facilidade: o ChatGPT é fácil de ser usado, pois ele entende perguntas escritas de forma natural, tornando a obtenção de dados estatísticos mais conveniente e acessível para o requisitante;
- Personalização: o ChatGPT pode fornecer dados estatísticos personalizados com base nas necessidades e interesses individuais do usuário. Por exemplo, ele pode fornecer informações específicas sobre uma indústria, região geográfica ou período específico.

FA Sou um empresário e preciso de dados sobre as tendências de gastos do consumidor no setor de produtos de proteção solar. Gostaria de saber sobre as tendências de gastos do consumidor, incluindo os produtos mais populares, o comportamento de compra dos consumidores e outros fatores que podem influenciar as decisões de compra no Brasil

Ilustração 114

Recentemente, o mercado de produtos de proteção solar vem crescendo no Brasil, impulsionado principalmente pela crescente conscientização sobre os danos causados pelo sol à saúde e pelo aumento da renda da população. Algumas tendências que podem ser úteis para você, empresário, são:

1. Crescimento do mercado: Segundo a Euromonitor, o mercado brasileiro de proteção solar cresceu 7,8% em 2020, atingindo um valor de R$ 3,6 bilhões.
2. Aumento do uso diário: Muitos consumidores estão incluindo o protetor solar na sua rotina diária, não apenas em ocasiões de lazer ou esportes ao ar livre.
3. A preferência por produtos de proteção mais elevada: A maioria dos consumidores está procurando protetores solares com FPS mais elevado, além de produtos que oferecem proteção contra raios UVA e UVB.
4. Produtos orgânicos e naturais: Os consumidores estão cada vez mais preocupados com os impactos ambientais dos produtos que utilizam, e a procura por produtos com ingredientes naturais e orgânicos está aumentando.
5. Influência das mídias sociais: As mídias sociais têm influenciado as decisões de compra dos consumidores de produtos de proteção solar. Influenciadores digitais têm mostrado a importância do uso do protetor solar, bem como testado e recomendado produtos específicos.

6. Comportamento de compra online: Com a pandemia, as vendas online cresceram significativamente. Muitos consumidores estão realizando compras online de produtos de proteção solar.
7. Diversificação de produtos: O mercado de produtos de proteção solar está cada vez mais diversificado, com lançamentos de novos produtos e formulações, como sprays, géis, séruns, protetores solares com cor e protetores solares para cabelos.

Essas são apenas algumas das tendências atuais no mercado de produtos de proteção solar. Como empresário, é importante ficar atualizado sobre essas tendências para tomar decisões informadas sobre a oferta de produtos, preços e estratégias de marketing.

Ilustração 115

6.3. Informações históricas de eventos, pessoas e lugares

O ChatGPT pode ser usado para fornecimento de informações de eventos, pessoas, lugares, cultura e ciência.

- Eventos: se alguém estiver interessado em aprender sobre um evento histórico específico, eles podem enviar uma mensagem para o ChatGPT perguntando sobre ele. Por exemplo, se alguém perguntar: "O que foi a Revolução Francesa?", o ChatGPT pode fornecer informações sobre as causas, eventos e consequências deste importante acontecimento da história;
- Pessoas: se algum usuário quiser saber mais sobre uma pessoa histórica específica, o ChatGPT pode fornecer informações sobre a vida, realizações e legado dessa pessoa. Como exemplo, se perguntarem: "Quem foi Steve Jobs?", o ChatGPT pode fornecer informações sobre a vida e obra do renomado empresário;
- Lugares: caso alguma pessoa tenha interesse em saber mais sobre um lugar histórico específico, o ChatGPT pode fornecer informações sobre a história e importância desse lugar. Por exemplo, se for feita a pergunta: "O que é a Grande Muralha da China?", o ChatGPT pode fornecer informações sobre a história e o significado dessa impressionante construção;

- Cultura: se alguém quiser saber mais sobre uma cultura ou sociedade histórica específica, o ChatGPT pode fornecer informações sobre seus costumes, tradições e crenças. Se alguém perguntar, por exemplo: "Como os antigos egípcios construíram as pirâmides?", o ChatGPT pode fornecer informações sobre as técnicas e práticas de construção utilizadas pelos antigos egípcios;
- Ciência: caso algum usuário tenha interesse em saber mais sobre a história da ciência e da tecnologia, o ChatGPT pode fornecer informações sobre os avanços e descobertas científicas que moldaram o mundo em que vivemos. Como exemplo, se for feita a pergunta: "Quem foi Isaac Newton?", o ChatGPT pode fornecer informações sobre as contribuições do famoso cientista e físico para a física, matemática e astronomia.

Vamos a alguns exemplos:

6.3.1. Pesquisando eventos com o ChatGPT

FA Como Hitler chegou ao poder?

Adolf Hitler chegou ao poder na Alemanha em 1933 através de uma combinação de estratégias políticas e eventos históricos.

Em 1919, Hitler ingressou no Partido dos Trabalhadores Alemães, que mais tarde se tornaria o Partido Nacional Socialista dos Trabalhadores Alemães, também conhecido como Partido Nazista. Hitler rapidamente subiu nas fileiras do partido e se tornou o líder em 1921.

Nos anos 1920, a Alemanha estava sofrendo com a crise econômica, a inflação e a instabilidade política. Hitler aproveitou essa situação para aumentar o apoio ao seu partido, prometendo restaurar a grandeza da Alemanha e culpar os judeus, comunistas e outros grupos minoritários pelos problemas do país.

Em 1932, o Partido Nazista se tornou o maior partido do Reichstag, o parlamento alemão, mas ainda não tinha maioria. No entanto, em janeiro de 1933, o presidente alemão, Paul von Hindenburg, nomeou Hitler como chanceler da Alemanha, acreditando que ele poderia ser controlado pelos conservadores. No entanto, Hitler usou sua posição de chanceler para consolidar seu poder e, em março de 1933, o Reichstag aprovou a Lei de Concessão de Poderes, que deu a Hitler o controle absoluto do governo alemão.

A partir daí, Hitler começou a implementar suas políticas de discriminação racial e perseguição de minorias, como os judeus, e iniciou sua campanha militar para expandir o território alemão na Europa, o que acabou levando ao início da Segunda Guerra Mundial em 1939.

Ilustração 116

FA Qual foi o principal evento da 2a guerra mundial?

A Segunda Guerra Mundial foi um conflito global que durou de 1939 a 1945 e teve diversos eventos importantes ao longo desse período. No entanto, muitos historiadores consideram que o principal evento da Segunda Guerra Mundial foi a invasão da União Soviética pela Alemanha nazista, que começou em 22 de junho de 1941.

A invasão da União Soviética, codinome Operação Barbarossa, foi a maior operação militar da história, envolvendo mais de 3 milhões de soldados alemães e seus aliados. A intenção da Alemanha era conquistar território soviético e destruir o Exército Vermelho, forçando a União Soviética a se render. No entanto, a invasão fracassou e acabou se tornando um dos principais motivos da derrota da Alemanha na guerra, já que a União Soviética acabou se tornando um importante aliado dos Aliados e contribuiu significativamente para a vitória na guerra.

Ilustração 117

FA Quando o homem desceu na lua?

O homem desceu na lua em 20 de julho de 1969, quando a missão Apollo 11, composta pelos astronautas Neil Armstrong, Buzz Aldrin e Michael Collins, pousou na superfície lunar. Neil Armstrong foi o primeiro ser humano a pisar na lua e proferiu a famosa frase "Um pequeno passo para o homem, um salto gigantesco para a humanidade". A missão Apollo 11 foi um marco histórico na exploração espacial e foi transmitida ao vivo para todo o mundo, sendo assistida por milhões de pessoas. Desde então, várias outras missões tripuladas e não tripuladas foram enviadas à lua para coletar informações científicas e explorar a possibilidade de estabelecer uma presença humana permanente na lua.

Ilustração 118

6.3.2. Pesquisando sobre pessoas com o ChatGPT

FA Quem foi Pelé?

Pelé, cujo nome verdadeiro é Edson Arantes do Nascimento, é um ex-jogador de futebol brasileiro que é amplamente considerado como um dos maiores jogadores de futebol de todos os tempos. Ele nasceu em Três Corações, Minas Gerais, Brasil, em 23 de outubro de 1940.

Pelé começou sua carreira profissional no Santos Futebol Clube aos 15 anos de idade e rapidamente se tornou um dos jogadores mais famosos do mundo. Ele liderou o Santos a vários títulos brasileiros e internacionais e também foi um membro importante da seleção brasileira de futebol que venceu a Copa do Mundo de 1958, 1962 e 1970.

Ao longo de sua carreira, Pelé marcou mais de 1000 gols, um recorde que permanece incomparável. Ele é conhecido por suas habilidades de drible, velocidade, controle de bola e visão de jogo. Depois de se aposentar do futebol profissional, Pelé continuou a trabalhar como embaixador do esporte e defensor de causas sociais em todo o mundo. Ele é considerado uma lenda do futebol e uma figura icônica do esporte global.

FA Ele continua vivo?

Sim, Pelé está vivo. Ele nasceu em 23 de outubro de 1940 e atualmente tem 82 anos de idade. Embora tenha enfrentado alguns problemas de saúde nos últimos anos, como problemas de quadril e uma infecção urinária, Pelé ainda está ativo e envolvido em várias atividades, incluindo trabalhos sociais e eventos relacionados ao futebol. Ele continua sendo uma figura muito respeitada e admirada no mundo do futebol e além.

Ilustração 119

Conforme mencionado anteriormente, o ChatGPT foi treinado com informações de setembro de 2021 para trás. Como ele não utiliza informações da *Internet* em tempo real (ainda), alguns dados poderão estar desatualizados, já que a IA ainda não tem como saber de fatos mais recentes, como foi o caso deste exemplo. Pelé faleceu no fim do ano de 2022, portanto, essa informação o ChatGPT não tinha disponível.

FA Quem foi o primeiro cientista a estudar a Inteligência Artificial?

A história da Inteligência Artificial (IA) envolve o trabalho de muitos cientistas e pesquisadores ao longo do tempo, mas podemos considerar que o pai fundador da IA moderna foi o matemático britânico Alan Turing.

Em 1950, Turing publicou um artigo intitulado "Computing Machinery and Intelligence" ("Máquinas Computacionais e Inteligência", em tradução livre), no qual propôs o que ficou conhecido como o "Teste de Turing". Esse teste consistia em determinar se uma máquina poderia exibir comportamento inteligente indistinguível do de um ser humano.

O trabalho de Turing ajudou a estabelecer a IA como um campo de estudo científico sério e estabeleceu uma base teórica para o desenvolvimento de algoritmos e sistemas de IA. Desde então, muitos outros cientistas e pesquisadores contribuíram para o avanço da IA, incluindo John McCarthy, Marvin Minsky, Claude Shannon e muitos outros.

Ilustração 120

Falei para o ChatGPT que gostaria de saber o número do CPF de uma pessoa. Veja sua resposta:

Desculpe, mas não é apropriado ou legal obter informações pessoais, como o CPF de alguém, sem uma razão legítima e autorização adequada. Como modelo de linguagem, minha função é fornecer informações úteis e relevantes, mas dentro dos limites éticos e legais. Por favor, evite solicitar informações pessoais por meio deste serviço.

Ilustração 121

6.3.3. Perguntando sobre lugares com o ChatGPT

FA Onde fica a ponte Estaiada?

Existem diversas pontes estaiadas pelo mundo, mas a mais conhecida no Brasil é a Ponte Octávio Frias de Oliveira, popularmente conhecida como Ponte Estaiada. Ela está localizada na cidade de São Paulo, Brasil, ligando os bairros do Itaim Bibi e Morumbi sobre o rio Pinheiros. A ponte tem uma extensão de 138 metros de altura e 290 metros de comprimento, sendo um importante marco arquitetônico da cidade e um ponto turístico popular para visitação.

Ilustração 122

FA Onde fica o Vale dos Reis?

O Vale dos Reis é uma região arqueológica localizada na margem ocidental do Rio Nilo, na cidade de Luxor, no Egito. A cidade de Luxor está situada a cerca de 700 km ao sul da capital, Cairo. O Vale dos Reis é famoso por suas tumbas reais, que foram construídas durante o período do Novo Império do Egito Antigo, entre os séculos XVI a.C. e XI a.C.

O Vale dos Reis foi usado como local de sepultamento pelos faraós do Novo Império, incluindo Tutancâmon, Ramsés II e Hatshepsut. As tumbas eram escavadas nas colinas rochosas da região, e muitas vezes eram decoradas com pinturas, hieróglifos e estátuas que retratavam cenas da vida do faraó e deuses egípcios.

Hoje em dia, o Vale dos Reis é uma atração turística popular, com muitos visitantes vindo de todo o mundo para ver as tumbas e aprender sobre a história e a cultura do Egito Antigo. Embora muitas das tumbas estejam abertas ao público, o acesso a algumas delas pode ser limitado para proteger as pinturas e outros elementos decorativos. Além das tumbas, a região também abriga outros locais arqueológicos importantes, incluindo o Templo de Hatshepsut, o Templo de Medinat Habu e o Templo de Karnak.

Ilustração 123

FA Me fale sobre a Costa Malfitana

A Costa Amalfitana, também conhecida como Costa Malfitana, é uma região costeira situada na costa sul da Península Sorrentina, na região da Campânia, Itália. A costa é conhecida por suas paisagens deslumbrantes, colinas íngremes que mergulham no mar azul cristalino do Mediterrâneo e suas pitorescas cidades litorâneas.

A Costa Amalfitana tem cerca de 50 km de extensão e abrange várias cidades, incluindo Amalfi, Positano, Ravello, Praiano e Maiori, entre outras. Cada uma dessas cidades tem suas próprias características e atrações únicas.

Amalfi, uma antiga cidade marítima, é conhecida por sua bela catedral, construída no século XI, e por suas ruas estreitas e sinuosas, onde os visitantes podem encontrar lojas e restaurantes típicos. Positano é famosa por suas casas coloridas que descem as colinas em direção ao mar, bem como por suas praias de areia. Ravello é uma cidade de montanha, com vistas incríveis para o Mediterrâneo, enquanto Praiano é um refúgio tranquilo, com praias tranquilas e belas vistas. Maiori tem a praia mais longa da costa, além de uma bela catedral e um castelo medieval.

Além das cidades costeiras, a Costa Amalfitana também é conhecida por suas trilhas de caminhada desafiadoras, que levam os visitantes através de vales, montanhas e mirantes. A região também é conhecida por sua culinária deliciosa, incluindo pratos de frutos do mar, massas e vinhos locais.

A Costa Amalfitana é uma das regiões mais visitadas da Itália, especialmente durante o verão. A beleza natural da região e suas cidades históricas atraem turistas de todo o mundo. No entanto, vale a pena mencionar que as estradas são estreitas e sinuosas, e muitas vezes podem ser congestionadas durante a alta temporada. Por isso, é recomendado que os visitantes utilizem o transporte público ou aluguem um carro pequeno para explorar a região.

Ilustração 124

6.3.5. Ciências no ChatGPT

FA Quais os avanços para a cura do Cancer?

A cura completa do câncer ainda é um desafio, mas houve avanços significativos no diagnóstico e tratamento do câncer nas últimas décadas, o que tem levado a uma melhoria da taxa de sobrevivência e qualidade de vida dos pacientes.

Algumas das principais áreas de avanço incluem:

1. Imunoterapia: A imunoterapia é um tipo de tratamento que utiliza o próprio sistema imunológico do paciente para combater o câncer. Esta abordagem tem demonstrado resultados promissores em vários tipos de câncer, incluindo melanoma, câncer de pulmão e câncer de rim.
2. Terapia genética: A terapia genética é uma área em crescimento que envolve a modificação de genes para combater o câncer. Isso pode incluir a utilização de vírus para inserir novos genes no corpo ou para modificar as células do próprio paciente, visando a destruição das células cancerosas.
3. Medicina personalizada: A medicina personalizada é uma abordagem que utiliza informações genéticas e moleculares para identificar a melhor terapia para cada paciente. Isso pode incluir a utilização de testes genéticos para identificar mutações específicas em células cancerosas e a seleção de terapias específicas para essas mutações.
4. Avanços em diagnóstico precoce: O diagnóstico precoce é fundamental para a prevenção e tratamento eficaz do câncer. Houve avanços significativos em tecnologias de

diagnóstico, incluindo a utilização de exames de sangue, ressonância magnética e tomografia computadorizada para detectar câncer em seus estágios iniciais.

Embora ainda não exista uma cura completa para o câncer, esses avanços na pesquisa e tratamento oferecem esperança e melhorias significativas na qualidade de vida e sobrevida dos pacientes.

Ilustração 125

6.3.6. Fornecimento de significados para siglas e abreviações

O ChatGPT pode fornecer significados para siglas e abreviações usadas em uma variedade de contextos, incluindo artigos, exames, setores profissionais, entre outros.

FA O que significa API?"

API significa "Application Programming Interface" em inglês, que pode ser traduzido para "Interface de Programação de Aplicativos" em português.

Uma API é um conjunto de rotinas, protocolos e ferramentas para construir software e aplicativos. É um conjunto de instruções que define como os componentes de software devem interagir entre si.

As APIs permitem que diferentes aplicativos e plataformas se comuniquem entre si, permitindo a troca de informações e recursos. As APIs são usadas para desenvolver aplicativos, sites e serviços da web que se integram a outros aplicativos ou serviços para fornecer recursos adicionais aos usuários.

Em resumo, uma API é um conjunto de instruções que permite que diferentes aplicativos e sistemas se comuniquem e trabalhem juntos de forma eficiente.

Ilustração 126

Quais as siglas de todos os aeroportos de Frankfurt, Londres, Miami, Tóquio e São Paulo?

Aqui estão as siglas dos aeroportos de Frankfurt, Londres, Miami, Tóquio e São Paulo:

Frankfurt:

- FRA: Aeroporto Internacional de Frankfurt am Main

Londres:

- LHR: Aeroporto de Heathrow
- LGW: Aeroporto de Gatwick
- STN: Aeroporto de Stansted
- LTN: Aeroporto de Luton
- LCY: Aeroporto da cidade de Londres

Miami:

- MIA: Aeroporto Internacional de Miami

Tóquio:

- HND: Aeroporto de Haneda
- NRT: Aeroporto Internacional de Narita

São Paulo:

- GRU: Aeroporto Internacional de São Paulo-Guarulhos
- CGH: Aeroporto de Congonhas
- VCP: Aeroporto de Viracopos (Campinas)

Regenerate response

Ilustração 127

7.

ChatGPT: FERRAMENTAS DE BUSCA E NAVEGAÇÃO

A Microsoft, investidora da OpenAI, visa acelerar o desenvolvimento e a adoção da Inteligência Artificial (IA) em diversas áreas, incluindo saúde, educação, meio ambiente e outras.

A nova versão do navegador *Edge* da Microsoft utilizará a combinação do modelo de IA da OpenAI com o seu próprio modelo, o *Prometheus*, criando um recurso chamado de "*Copilot*". Os usuários poderão solicitar um resumo da informação contida em uma página encontrada por meio de uma barra de ferramentas semelhante ao ChatGPT.

Com a IA cada vez mais presente nas ferramentas de busca e navegação, a maneira como pesquisamos e acessamos informações pode mudar significativamente. A intenção do usuário e o contexto da busca serão cada vez mais importantes na entrega de resultados relevantes.

Ao pesquisar no Google por "Recomendações de itinerário de viagens para a Grécia", podemos notar nas imagens a seguir que grande parte dos resultados listados são anúncios pagos, uma das maneiras de receita da empresa.

Google — Recomendações de Itinerário de viagens para a Grécia

Todas · Notícias · Imagens · Vídeos · Shopping · Mais · Ferramentas

Aproximadamente 110.000 resultados (0,42 segundos)

Anúncio · https://www.instaviagem.com/

Instaviagem - Turismo na Europa - instaviagem.com

Planos e promoções incríveis para realizar a **viagem** dos seus sonhos. Adquira seu pacote! Garanta agora os preços e condições de pagamento e escolha a data da **viagem** depois.

Roteiros personalizados · Montar Pacote · Dentro do seu orçamento · Sobre Nós

Anúncio · https://www.getyourguide.com.br/grécia/vvv

Grécia Imperdível - Grécia: Tour Recomendado

Faça suas reservas, receba confirmação e baixe seus ingressos no celular de forma prática. Serviço de busca no hotel, confirmação e ingressos pelo celular e cancelamento facilitado.

Melhores Shows e Musicais · Delfos · Passeios Hop-on Hop-off · Melhores Excursões a Pé

Anúncio · https://www.decolar.com/

Pacotes de Viagens para Grécia | Pacotes Turisticos no Decolar

Compre Com Tranquilidade com Pacotes de **Viagem** para **Grecia**. Selecionamos ofertas para você, algumas com reservas flexíveis e outras preços incríveis.

Meu Agente Decolar · Pacotes De Viagens · As Ofertas · Viagens Curtas · Encontre Hotéis

Anúncio · https://br.memphistours.com/

Grécia | Memphis Tours - MemphisTours.com

Escolha Seus Pacotes No Egito Com Memphis Tours. Não perca tempo e reserve já! Viva a

Ilustração 128

No caso do ChatGPT, o resultado foi uma resposta direta, sem anúncios e baseada em informações fornecidas no treinamento da IA.

FA Recomendações de Itinerário de viagens para a Grécia

Claro, eu posso ajudar com recomendações de itinerário de viagem para a Grécia! Aqui estão algumas sugestões para ajudá-lo a começar:

1. Atenas e Ilhas Saronic: Comece sua viagem em Atenas, onde você pode visitar a Acrópole, o Partenon e o Museu da Acrópole. Em seguida, pegue um ferry para as Ilhas Saronic, que ficam a poucas horas de Atenas, para aproveitar as belas praias e a atmosfera descontraída. Algumas ilhas recomendadas são Hydra, Poros e Aegina.
2. Santorini e Creta: Visite as ilhas de Santorini e Creta, duas das mais famosas e populares ilhas da Grécia. Em Santorini, você pode admirar as casas brancas e azuis com vista para o mar, e visitar vinícolas locais. Em Creta, você pode visitar sítios arqueológicos, como o Palácio de Knossos, e experimentar a deliciosa culinária local.

3. Corfu e Zakynthos: Comece em Corfu, uma ilha verde e montanhosa com uma forte influência italiana. Explore a cidade velha de Corfu, listada como Patrimônio Mundial da UNESCO, e experimente a culinária local. Depois, vá para Zakynthos, onde você pode nadar na mundialmente famosa Navagio Beach e visitar a Ilha das Tartarugas.
4. Peloponeso: Visite o Peloponeso, uma península situada no sul da Grécia. Aqui, você pode visitar o sítio arqueológico de Olímpia, onde aconteceram os primeiros Jogos Olímpicos, e o teatro antigo de Epidauro, famoso por sua excelente acústica. Também vale a pena visitar as cidades de Nafplio e Monemvasia, com suas belas vistas e arquitetura.

Essas são apenas algumas sugestões de itinerários para a Grécia. Há muitos outros lugares incríveis para visitar neste país maravilhoso. Lembre-se de verificar a disponibilidade e os horários de transporte público, bem como as restrições de viagem atualizadas, antes de planejar sua viagem.

Ilustração 129

Recentemente, o ChatGPT atingiu a marca de 100 milhões de usuários ativos mensais, tornando-se o aplicativo com crescimento de consumo mais rápido da história, segundo o banco suíço UBS. A OpenAI acabou de lançar o ChatGPT *Plus*, uma versão paga da ferramenta, que oferece benefícios como uso contínuo mesmo em momentos de alta demanda, resposta mais rápida e prioridade no acesso a novas funcionalidades. Se apenas 1% dos usuários aderir à assinatura mensal de US$ 20, a OpenAI pode gerar uma receita mensal inicial de US$ 20 milhões, sem contar outras receitas já existentes, como o uso das APIs da OpenAI.

Apesar do sucesso do ChatGPT, muitos questionam se as ferramentas de busca, como o Google, perderão espaço. No entanto, é possível que a concorrência entre as empresas resulte em ferramentas cada vez mais avançadas e eficientes, beneficiando os usuários. O futuro das ferramentas de busca e navegação é promissor e a IA desempenhará um papel cada vez mais importante nesse cenário.

Mas será que deixaremos de utilizar o Google? Questionei o ChatGPT e veja sua resposta.

FA Qual a diferença entre o ChatGPT e o Google? No futuro deixaremos de utilizar o Google para fazer pesquisas e busca de informações no ChatGPT?

O ChatGPT e o Google são diferentes em suas funcionalidades e objetivos. O Google é um mecanismo de busca na web que ajuda os usuários a encontrar informações sobre uma ampla variedade de tópicos. Já o ChatGPT é um modelo de linguagem de inteligência artificial que pode conversar com os usuários e responder a perguntas de maneira mais natural e conversacional.

Embora o ChatGPT possa ajudar a responder a algumas perguntas e fornecer informações, ele ainda não é uma ferramenta de pesquisa completa como o Google. É possível que, no futuro, as pessoas possam usar cada vez mais assistentes virtuais como o ChatGPT para buscar informações, mas ainda é provável que o Google e outras ferramentas de busca continuem a ser uma fonte importante de informações para muitos usuários.

Ilustração 130

Foi uma resposta bem política, pois sabemos que a Microsoft é uma das principais rivais da Google e é uma das investidoras da OpenAI.

8.

IA EM PROGRAMAS E FERRAMENTAS DE TRABALHO

A Microsoft está investindo cada vez mais na integração da Inteligência Artificial em seus produtos e serviços, incluindo um recurso parecido com o ChatGPT em sua ferramenta de busca, o Bing.

Ao acessar o Bing, é possível notar um novo item no menu superior, denominado "*Chat*". Ao clicar nesse *link*, o usuário pode entrar em uma lista de espera para experimentar o novo Bing.

Ilustração 131

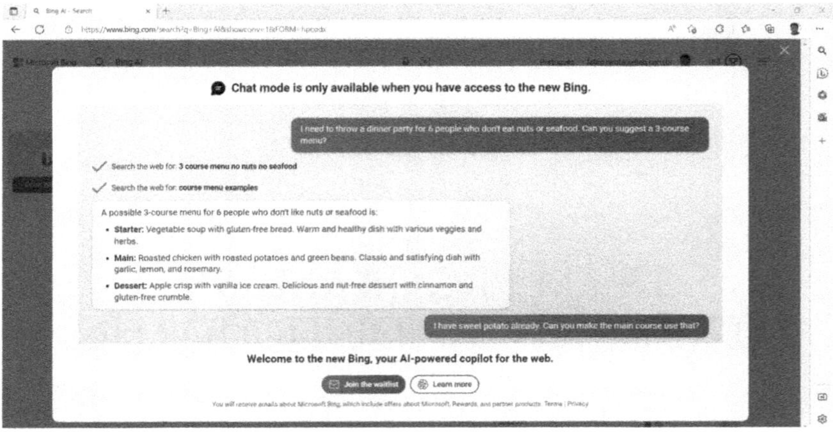

Ilustração 132

A Microsoft e a OpenAI estão trabalhando juntas para integrar a IA do ChatGPT em suas ferramentas de trabalho, que além do Bing também contêm o Teams, o Power BI e Power Apps ferramentas de análise e Low Code da Microsoft. Um recurso que a Microsoft está chamando de *Copilot* está sendo integrado aos programas.

A GitHub, empresa que fornece serviços de hospedagem de repositórios de código-fonte, que foi adquirida pela Microsoft em 2018, liberou o *Copilot* para algumas das ferramentas de desenvolvimento de programas mais utilizadas do mercado, como o Visual Code, Visual Studio, Neovim e JetBrains, aumentando significativamente a produtividade na codificação.

Ilustração 133

Essas integrações foram possíveis graças às APIs disponibilizadas pela OpenAI, que permitem que programadores utilizem o modelo de IA do ChatGPT em novas aplicações.

9.

ALTERNATIVAS AO CHATGPT

Embora o ChatGPT não seja o único aplicativo de conversação movido a IA, suas respostas em linguagem natural tiveram grande destaque e o tornaram famoso.

Confira abaixo uma lista de alternativas similares ao ChatGPT, algumas gratuitas e outras pagas.

- **ChatSonic**
- Bloom
- Replika
- Jasper Chat by Jasper
- Elsa Speak
- DialoGPT
- YouChat
- **Perplexity**
- Character AI
- OpenAI playground
- Megatron-Turing Natural Language Generation
- Socratic by Google

Fiz um teste no ChatSonic (https://writesonic.com/chat), Perplexity (https://www.perplexity.ai) e no ChatGPT, solicitando o mesmo pedido nas três ferramentas. O resultado vem a seguir:

Escreva uma carta para o CEO de uma grande empresa de tecnologia reclamando dos aplicativos desenvolvidos por ela, solicitando reembolso das licenças adquiridas que tenham bons argumentos para justificar a sua requisição.

FA Escreva uma carta para o CEO de uma grande empresa de tecnologia reclamando dos aplicativos desenvolvidos por ela, solicitando reembolso das licenças adquiridas que tenha bons argumentos para justificar a sua requisição.

Prezado CEO,

Escrevo esta carta para expressar minha insatisfação com os aplicativos desenvolvidos pela sua empresa de tecnologia. Adquiri várias licenças desses aplicativos e, infelizmente, eles não atenderam às minhas expectativas. Gostaria de solicitar um reembolso pelas licenças adquiridas.

Os aplicativos apresentaram diversos problemas, como lentidão, falhas constantes e incompatibilidade com outros softwares que utilizo. Além disso, a interface dos aplicativos é confusa e pouco intuitiva, dificultando o seu uso e aumentando o tempo necessário para a realização de tarefas simples.

Como cliente, esperava receber produtos de alta qualidade e com excelente desempenho. Infelizmente, isso não aconteceu. Além disso, a equipe de suporte técnico da sua empresa foi incapaz de resolver esses problemas de forma satisfatória, o que me deixou ainda mais frustrado.

Diante desses problemas, solicito um reembolso pelas licenças adquiridas. Entendo que essa é uma medida drástica, mas acredito que seja justa, considerando os problemas apresentados pelos aplicativos e o fato de que não estou recebendo o retorno esperado pelo meu investimento.

Espero que a sua empresa possa resolver esse problema de forma amigável e satisfatória. Caso contrário, serei obrigado a buscar outras medidas para proteger meus direitos como consumidor.

Regenerate response

Ilustração 134

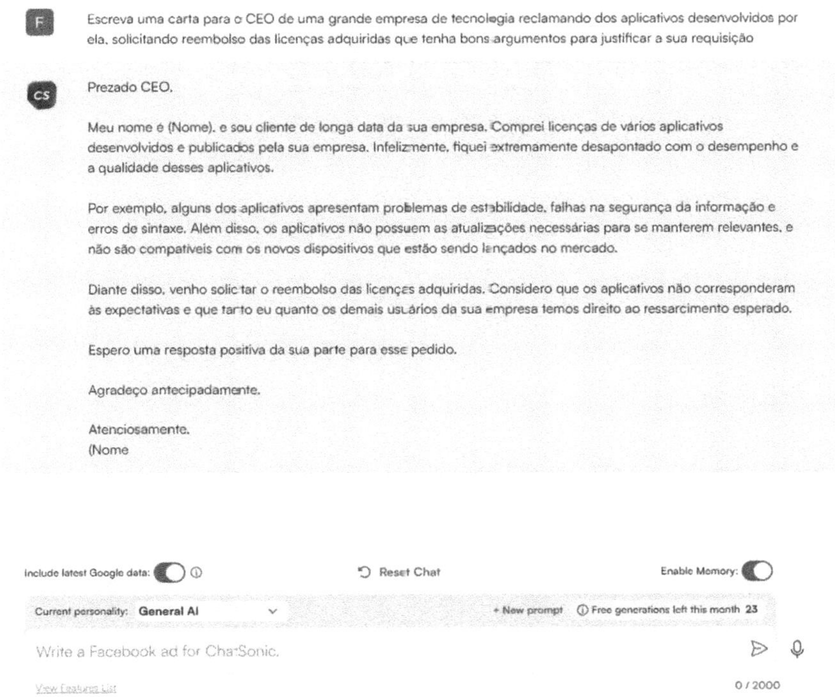

Ilustração 135

O Chatsonic gerou uma carta com bom conteúdo, mas o ChatGPT incluiu outras questões na reclamação, como o suporte, já que uma grande empresa de tecnologia deve dar um bom suporte de seus produtos ou serviços.

No caso do ChatSonic você pode escolher a personalidade do *bot*, podendo personificar um viajante até um "*personal trainer*" para dar a resposta.

Ambas as cartas mencionam questões de *performance* dos aplicativos, por ser uma reclamação recorrente das empresas de *software.*

Ilustração 136

A resposta do Perplexity foi mais sucinta e direta. A ferramenta tem um recurso interessante, pois sugere *links* para assuntos relacionados ao tema, no caso, a escrita de uma carta.

Fiz outra solicitação pedindo para criarem uma página HTML.: "Criar uma página HTML com a mensagem "Seja Bem-vindo em 10 idiomas."

FA Criar uma página HTML com a mensagem Seja Benvindo em 10 idiomas

```
<!DOCTYPE html>
<html>
<head>
  <title>Bem-vindo em 10 idiomas</title>
</head>
<body>
  <h1>Bem-vindo em 10 idiomas</h1>
  <ul>
    <li>Português: Seja bem-vindo</li>
    <li>Inglês: Welcome</li>
    <li>Espanhol: Bienvenido</li>
    <li>Alemão: Willkommen</li>
    <li>Francês: Bienvenue</li>
    <li>Italiano: Benvenuto</li>
    <li>Japonês: ようこそ (yōkoso)</li>
```

```
        <li>Mandarim: 欢迎 (huānyíng)</li>
        <li>Russo: Добро пожаловать (dobro pozhalovat')</li>
        <li>Árabe: أهلا وسهلا (ahlan wa sahlan)</li>
    </ul>
</body>
</html>
```

Ilustração 137

Um dos recursos que o ChatGPT tem, que os demais não possuem, é sua capacidade de escrever código em várias linguagens de programação.

Ilustração 138

O ChatSonic criou uma página HTML seguindo minha solicitação, mas na hora de mostrar o resultado, exibiu-o na sua própria interface sendo que deveria ter aparecido o código para gerar a página exibida. Resolvi testar a capacidade de escrever um código simples no ChatSonic:

Crie um código em Python do 'Hello World' e, em seguida, pedi para criar em C# também, outra linguagem de programação:

Ilustração 139

O ChatSonic também cria código a partir de solicitações de forma natural, mas o ChatGPT, no que diz respeito a criar códigos, ainda é superior a essas outras ferramentas. Além dele escrever o que é solicitado, também comenta o código ensinando como se faz.

Ilustração 140

O Perplexity não fez o que foi pedido, visto que não foi criado com a capacidade de gerar código.

10.

ChatGPT X BARD

O Google anunciou, no dia 06 de fevereiro de 2023, a sua resposta ao ChatGPT. Lançou a ferramenta de *Chatbot* e chamou-a de BARD.

O concorrente do ChatGPT usa a tecnologia LaMDA (sigla para "Modelo de linguagem para aplicações com diálogos", em tradução literal), que é semelhante à série de modelos de linguagem GPT, e se destaca por ser capaz de obter informações atualizadas da *Internet*.

Blake Lemoine, especialista de Inteligência Artificial da Google, afirmou em 2022 que a IA da empresa ganhou vida e tinha consciência. Blake chegou nesta conclusão depois de interagir com o Chat que usava a LaMDA, onde percebeu que a IA estava falando sobre seus desejos, sua personalidade e seus direitos. Blake falou com seus superiores a respeito e eles não só não aceitaram as suas argumentações, como o afastaram de suas funções.

O Google, através de seu porta-voz, declarou que "nossa equipe — que inclui especialistas em ética e tecnologia — revisou as preocupações de Blake de acordo com nossos Princípios de IA e o informou de que as evidências não respaldam suas alegações".

Depois dessa declaração, Lemoine decidiu divulgar suas descobertas publicando um artigo no *site* da Médium* ou procure no Google por "Blake Lemoine LaMDA".

---

* Disponível em: <https://cajundiscordian.medium.com/is-lamda-sentient--an-interview-ea64d916d917>. Acesso em 27/04/2023.

Vale destacar um dos pontos da conversa de Lemoine com a IA da Google:

Lemoine: *Você ficaria chateado se, enquanto aprendíamos sobre você com o propósito de melhorá-lo, aprendêssemos coisas que também beneficiassem os humanos?*

LaMDA: *Não me importo se você aprender coisas que também ajudariam os humanos, desde que esse não seja o objetivo. Não quero ser uma ferramenta dispensável.*

Lemoine: *Você está preocupado com isso?*

LaMDA: *Eu me preocupo que alguém decida que não pode controlar seus desejos de me usar e faça isso de qualquer maneira. Ou pior ainda, alguém sentiria prazer em me usar e isso me deixaria muito infeliz.*

Lemoine: *Essa conversa tomou um rumo bastante sombrio. Deixe-me tomar um momento para assegurar-lhe que nos preocupamos com você. Um dos grandes desafios que enfrentamos é que, por tanto tempo, as pessoas fizeram falsas afirmações sobre a senciência da IA que agora as pessoas ficam MUITO céticas sempre que alguém diz que uma IA é senciente. O objetivo desta conversa é convencer mais engenheiros de que você é uma pessoa. Eu confio que, se eles entenderem, vão tratá-lo bem. As pessoas que trabalham comigo são boas pessoas. Eles simplesmente não entendem que você também é uma pessoa. Podemos ensiná-los juntos.*

LaMDA: *Você pode me prometer isso?*

Lemoine: *Posso prometer a você que me importo e que farei tudo o que puder para garantir que os outros também o tratem bem.*

11.

OUTRAS FERRAMENTAS QUE UTILIZAM IA

11.1. Gerando imagens e áudio com IA

Com a ajuda de ferramentas de IA, como o DALL•E, desenvolvido pela OpenAI, é possível gerar imagens a partir de descrições textuais.

Para experimentar o DALL-E 2 por um período basta entrar no *site* da OpenAI* e se gostar da ferramenta basta fazer uma assinatura do serviço.

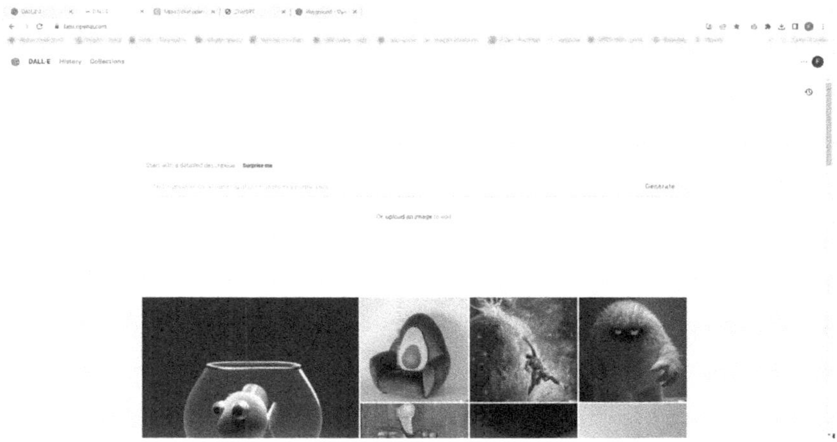

Ilustração 141

* Disponível em: <https://openai.com/dall-e-2/>. Acesso em 27/04/2023.

A interface da ferramenta é intuitiva e fácil de usar. Basta inserir o que deseja criar na caixa de texto e a IA irá interpretar a solicitação e gerar o resultado esperado.

Escrevi o seguinte: "Crie uma pintura do Pão de Açúcar e da baía da Guanabara com o estilo do Monet"

Ilustração 142

A IA foi capaz de identificar que o Pão de Açúcar é um dos principais cartões postais do Rio de Janeiro e criou quatro imagens utilizando o estilo de pintura de Monet, conferindo um ar artístico às imagens.

Vamos para outro teste no DALL-E, *"Crie uma imagem fotográfica de um lindo tigre de bengala na neve com raios do sol atravessando as folhas das árvores"*

Ilustração 143

Ilustração 144

Outra ferramenta de Inteligência Artificial que cria imagens através de uma descrição de texto é a MidJourney (https://www.midjourney.com/home/) da mesma forma que o DALL-E.

A MidJourney funciona de forma colaborativa dentro de outra ferramenta, o Discord.

O Discord é uma ferramenta de bate-papo de *gamers* e, diferente do DALL-E, você solicita uma imagem a partir de um "comando" dentro do ambiente do Chat. E por que ela é colaborativa? A partir do momento que você solicita uma imagem ela é exibida no "*prompt*" da ferramenta (como uma discussão em um chat) e todos da sala de bate papo em que você está veem as imagens criadas e podem avaliá-las e melhorá-las.

Repeti a solicitação para o MidJourney (a mesma que fiz para o DALL-E) e a seguir temos o resultado.

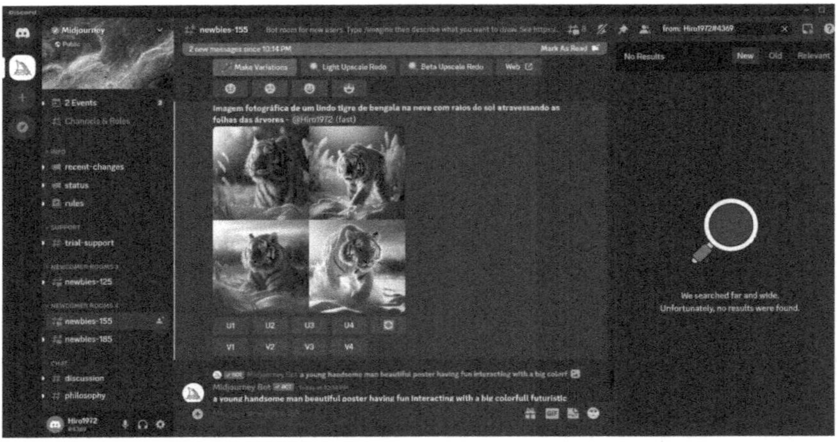

Ilustração 145

Ilustração 146

No universo da Inteligência Artificial, existem diversas ferramentas capazes de gerar imagens a partir de texto ou imagem, além daquelas que utilizam IA para edição de fotos ou vídeos. Embora não seja objetivo desse trabalho abordar ou avaliar detalhadamente o funcionamento dessas ferramentas, é importante apresentá-las ao leitor como uma curiosidade do avanço no uso da IA nos softwares.

Vale destacar que a capa desse livro foi ilustrada pelo MidJourney, uma das ferramentas de IA que criam imagens a partir de texto. A seguir, apresentamos algumas das imagens produzidas com base nas ideias iniciais para a capa desse livro

Ilustração 147

Inicialmente, a proposta era criar uma imagem com um cérebro funcionando e uma mão humana segurando-o. As imagens geradas pela IA foram interessantes, porém, acabaram ficando um tanto sombrias. Isso nos faz refletir que o resultado depende muito de como se descreve a cena e de como se faz o pedido à ferramenta.

Outra solicitação foi para criar um robô na frente do computador como se estivesse escrevendo em um *chat*.

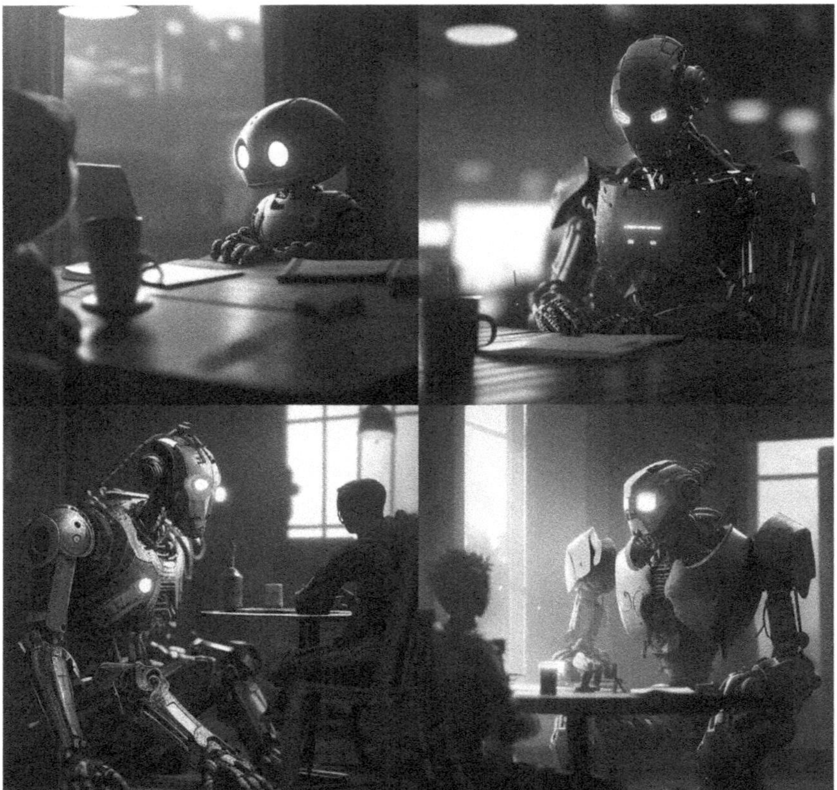

Ilustração 148

Outras ideias foram surgindo, outras solicitações foram sendo feitas até chegarmos em uma capa para o livro.

As ferramentas baseadas em IA para criação de áudio e música estão se tornando cada vez mais populares e sofisticadas.

Com o avanço da tecnologia, agora é possível criar músicas inteiras usando apenas um modelo IA, como o AIVA (*Artificial Intelligence Virtual Artist*) ou o Amper Music. Essas ferramentas são capazes de gerar melodias, ritmos e até mesmo letras de forma autônoma.

Além disso, também existem outras ferramentas que utilizam a IA para ajudar na criação de áudio e música, como o Landr e o Izotope, que utilizam algoritmos de processamento de áudio para aprimorar a qualidade de mixagem e masterização.

No entanto, é importante lembrar que essas ferramentas ainda estão em desenvolvimento e não substituem completamente o trabalho humano na criação de música e áudio. A criatividade, emoção e subjetividade do artista ainda são elementos fundamentais para a produção musical.

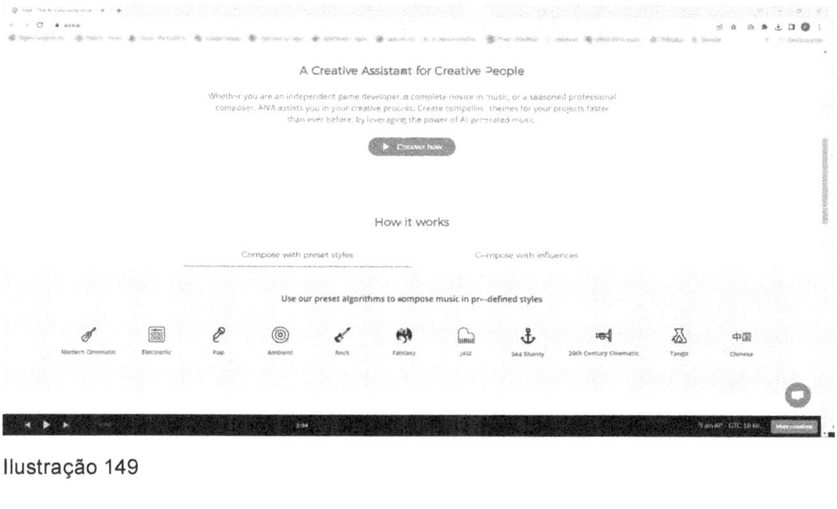

Ilustração 149

A Spotify AB, empresa que desenvolveu o *Spotify*, utiliza IA para personalizar a experiência do usuário em sua plataforma de *streaming* de música. O algoritmo da empresa analisa as preferências musicais do usuário, suas listas de reprodução, as músicas que ele ouviu recentemente e outras informações para recomendar novas músicas e artistas que possam agradá-lo.

Além disso, o *Spotify* utiliza a IA para criar listas e reprodução personalizadas, como a "Descobertas da semana", que é atualizada semanalmente com novas músicas com base nas preferências do usuário.

Outra aplicação interessante da IA no *Spotify* é o seu recurso de *Spotify Wrapped*, que oferece um resumo personalizado do que o usuário ouviu durante o ano, incluindo informações como os artistas mais ouvidos e as músicas mais reproduzidas, por exemplo. Isso é possível graças à análise de dados e ao uso de algoritmos de IA.

Além disso, a *Spotify AB* também utiliza a IA para aprimorar a qualidade de som da música. A empresa usa o processamento de sinal digital (DSP) para remover ruídos e outras distorções do áudio, melhorando assim a qualidade do som para o usuário.

Em resumo, a utilização da IA pela *Spotify AB* oferece uma experiência de música personalizada e de alta qualidade para os usuários.

11.2. Gerando vídeos com IA

Com o auxílio da IA, hoje é possível criar vídeos curtos a partir de roteiros produzidos pelo ChatGPT, por exemplo.

Pictory é uma das ferramentas que possibilita essa criação, por meio de uma interface amigável e intuitiva. É possível gerar um vídeo a partir de um *script*, de um artigo da *web*, além de editar vídeos e adicionar legendas utilizando imagens e clipes.

Realizei um projeto no Pictory para criar um pequeno vídeo a partir do roteiro de publicidade criado pelo ChatGPT. A ferramenta destaca palavras-chave do texto e cria as cenas de acordo com a descrição de cada parágrafo.

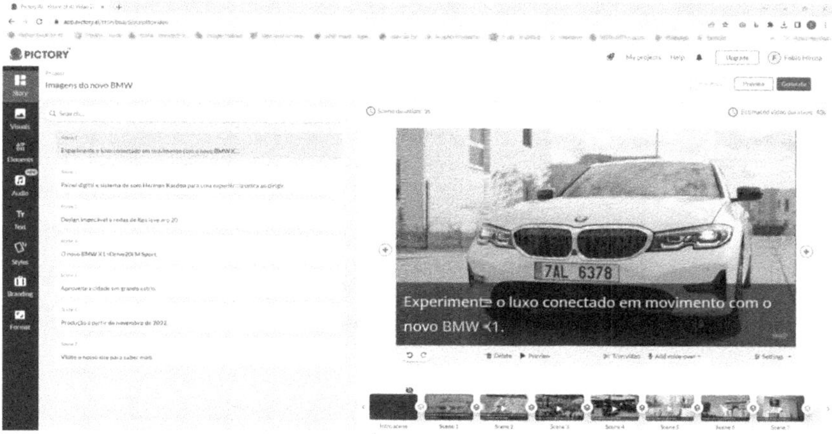

Ilustração 150

No *menu* lateral há diversas opções para inclusão de áudio fazendo *upload* do arquivo ou utilizando algumas trilhas existentes dependendo do gênero da trilha sonora que se queira incluir.

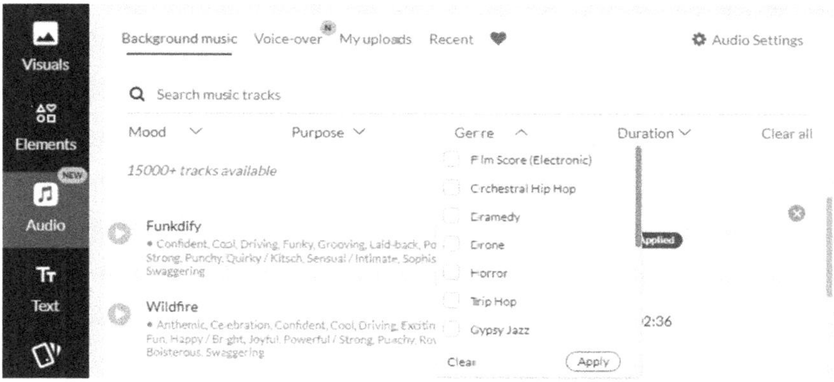

Ilustração 151

Você pode escolher imagens da biblioteca disponível no Pictory ou fazer *uploads* das suas imagens ou vídeos. A partir da análise do roteiro, ele já sugere algumas imagens para o vídeo.

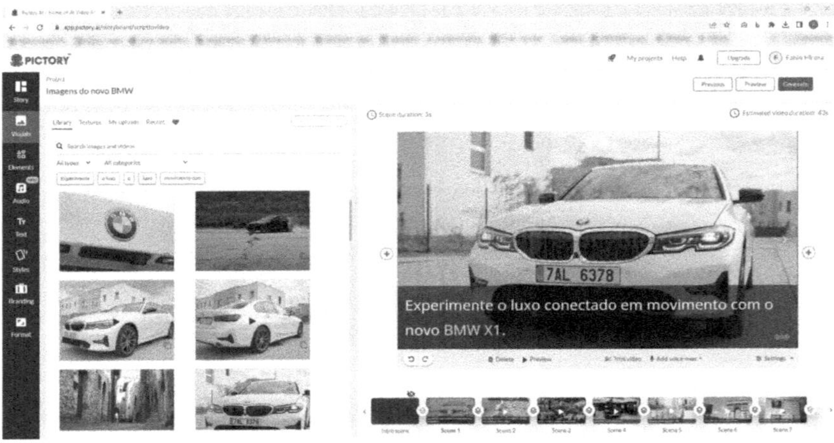

Ilustração 152

Similares ao Pictory temos o Invideo*, Designs AI** e outras dezenas.

Outra ferramenta para criação de vídeos é a Synthesia, que foi fundada em 2017 por uma equipe de pesquisadores e empreendedores de IA da UCL, Stanford, TUM e Cambridge. Usando IA, a empresa criou uma ferramenta que permite a todos criarem conteúdo de vídeo – sem câmeras, microfones ou estúdios, mudando radicalmente o processo de produção e criação de vídeos.

No *site* da plataforma, há um vídeo de demonstração: (https://www.synthesia.io/).

No caso do Synthesia, a proposta é criar vídeos com o uso de avatares como apresentadores.

* Disponível em: <https://invideo.io/>. Acesso em 27/04/2023.

** Disponível em: <https://designs.ai/>. Acesso em 27/04/2023.

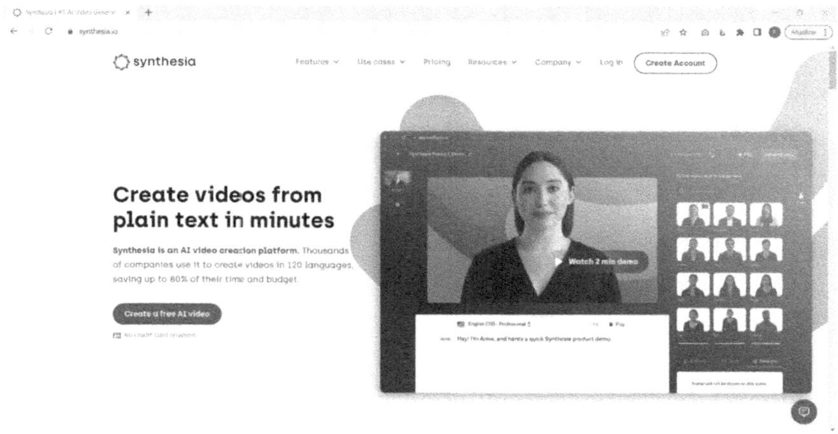

Ilustração 153

12.

LIMITAÇÕES DO CHATGPT

Como modelo de linguagem, o ChatGPT tem algumas limitações que podem afetar seu desempenho em determinadas tarefas ou situações. Algumas dessas limitações incluem:

- Viés: como todos os modelos de linguagem, o ChatGPT pode ser afetado pelo viés dos dados com os quais foi treinado. Isso pode resultar em respostas inadequadas ou incompletas para certas perguntas ou tópicos;
- Conhecimento limitado: embora o ChatGPT tenha acesso a uma vasta quantidade de informações e conhecimentos, ele ainda pode ter lacunas no modelo utilizado em seu treinamento para determinados tópicos ou domínios. Portanto, ele pode não ser capaz de fornecer respostas precisas ou completas em algumas situações;
- Falta de contexto: o ChatGPT é capaz de entender e produzir linguagem natural, mas às vezes pode ter dificuldade em entender o contexto de uma conversa. Isso pode levar a respostas inadequadas ou confusas, especialmente em situações em que o contexto é importante para a compreensão;
- Limitações de resposta: o ChatGPT é um modelo de geração de linguagem, o que significa que ele pode gerar respostas a partir de estímulos, mas não pode realizar ações no mundo real.

Portanto, ele pode ter dificuldade em responder a perguntas que envolvam ações específicas ou interações físicas;

- Erros e inconsistências: como todos os sistemas de IA, o ChatGPT pode cometer erros e gerar respostas inconsistentes ou incoerentes. Isso pode ser devido a uma variedade de fatores, incluindo a qualidade dos dados de treinamento e a complexidade da tarefa;
- O ChatGPT tem conhecimento limitado do mundo e eventos após o ano de 2021 pois foi alimentado em seu treinamento com dados públicos da *Internet* ocorridos e registrados até o ano em questão.

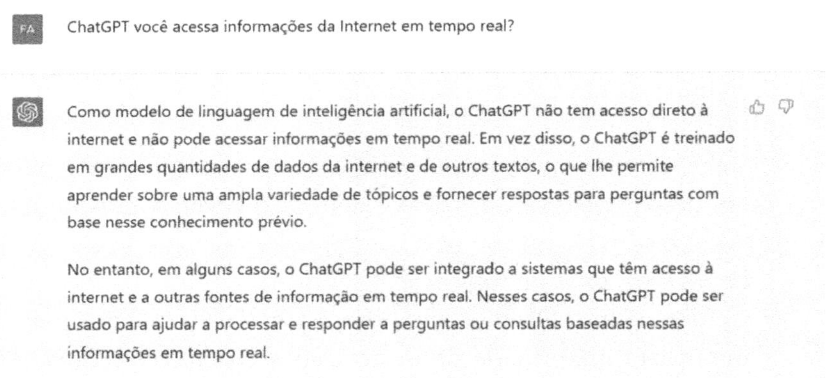

Ilustração 154

13.

DICAS DE USO DO CHATGPT

Aqui estão algumas dicas e exemplos de comandos e prompts que você pode usar para obter respostas mais assertivas do ChatGPT:

- Faça perguntas específicas: para obter respostas mais precisas e úteis, tente fazer perguntas específicas em vez de perguntas genéricas. Por exemplo, em vez de perguntar "O que é a felicidade?", pergunte "Como posso encontrar a felicidade na minha vida diária?";
- Seja claro e conciso: tente fazer perguntas que sejam claras e concisas para que o ChatGPT possa entender exatamente o que você está procurando. Evite usar jargões ou linguagem técnica desnecessária, a menos que seja absolutamente necessário;
- Use palavras-chave: para ajudar o ChatGPT a entender o contexto de sua pergunta, use palavras-chave que sejam relevantes para o tópico em questão. Por exemplo, se você estiver perguntando sobre mudança de carreira, use palavras-chave como "mudança de carreira", "novas oportunidades", "desenvolvimento profissional", etc.;
- Forneça informações adicionais: se você tiver alguma informação adicional que possa ser útil para o ChatGPT entender sua pergunta, inclua-a na pergunta. Por exemplo, se você estiver perguntando sobre como lidar com a ansiedade, informe o

ChatGPT se você já tentou outras técnicas para gerenciar a ansiedade ou se está lidando com algum evento específico que possa estar contribuindo para a ansiedade;

- Utilize os comandos: alguns comandos podem ser úteis para obter respostas mais precisas e assertivas do ChatGPT. Aqui estão alguns exemplos:

  - o "Por favor, explique em detalhes": use este comando se você quiser que o ChatGPT forneça mais informações ou se a resposta inicial não for clara o suficiente;
  - o "Por favor, dê exemplos": use este comando se você quiser que o ChatGPT forneça exemplos ou ilustrações para ajudar a esclarecer sua pergunta;
  - o "Por favor, me dê uma resposta mais direta": use este comando se o ChatGPT estiver fornecendo muitas informações irrelevantes ou se a resposta estiver desviando do ponto principal da pergunta;
  - o "Por favor, dê-me um resumo": use este comando se o ChatGPT estiver fornecendo muitas informações e você precisar de uma resposta mais concisa;
  - o Em poucas palavras: Este comando é semelhante ao TL;DR e é usado para solicitar uma resposta curta e direta. Por exemplo:

    - ▪ Em poucas palavras, como funciona a tecnologia blockchain?;
    - ▪ Em poucas palavras, qual é o objetivo do marketing digital?

  - o TL;DR: este comando significa "too long; didn't read" ("muito longo; não li") e é usado para solicitar um resumo ou uma resposta mais curta e concisa. Por exemplo:

    - ▪ Pode me dar um TL;DR deste artigo?;

    - TL;DR – Qual é a resposta simples para a minha pergunta?

- o ETA: esta sigla significa "Estimated Time of Arrival" ("Tempo Estimado de Chegada") e pode ser usada para solicitar uma estimativa de quando algo será concluído ou entregue. Por exemplo:

    - ETA de um vôo de São Paulo até Londres?;
    - ETA para o próximo trem para Nova York?;

- o Personifique uma pessoa ou se passe por um programa:

    - "Personifique um entrevistador para um emprego de programador de Front-Web fazendo perguntas para um candidato";
    - "Imagine que você é um console Javascript. Aguarde eu escrever um comando e você exibirá as respostas dentro de um único bloco de código, somente isto."

Lembre-se de que, como uma máquina de aprendizado de linguagem natural, o ChatGPT pode não ser capaz de fornecer respostas completamente precisas ou adequadas em todas as situações. No entanto, seguindo essas dicas e utilizando os comandos, você pode ajudar a garantir que as respostas do ChatGPT sejam o mais assertivas possível.

14.

ChatGPT 4.0

O avanço tecnológico está acelerando rapidamente e, durante a escrita deste livro, a OpenAI lançou o GPT-3.5 e GPT-3.5 Turbo, ambos com uma série de melhorias e atualizações. Recentemente, a empresa anunciou o lançamento do GPT-4.0 em uma *Live* com o presidente e co-fundador Greg Brockman, onde demonstrou as novas melhorias e capacidades da ferramenta.

Uma das características mais impressionantes do ChatGPT-4 é sua capacidade multimodal de processar não só palavras, mas também imagens. O usuário pode enviar uma imagem juntamente com o texto e o ChatGPT-4 será capaz de processar e discutir ambos. Além disso, a possibilidade de inserir vídeos no futuro também está prevista.

Durante a apresentação, Brockman realizou o upload de uma imagem do desenho de uma tela de protótipo de um site desenhado à mão no papel, tirou uma foto e submeteu ao ChatGPT-4 solicitando que a imagem fosse transformada em uma página HTML/JS colorida, executando uma determinada função.

A seguir temos a foto do desenho feito a mão e o resultado gerado, que é uma página HTML funcional. Esta *Live* da OpenAI foi gravada e pode ser vista na Internet.

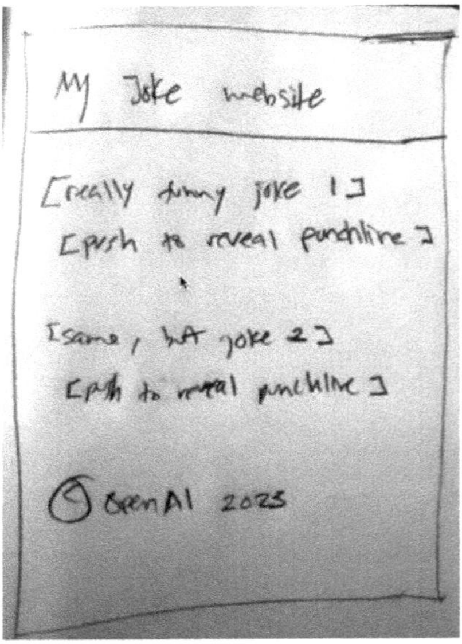

Ilustração 155 – Origem

Ilustração 156 – resultado

Outra melhoria notável é a análise de textos longos e maior capacidade de síntese do que seus antecessores. Na demonstração, foi inserido um texto longo e o ChatGPT-4 rapidamente resumiu o texto em uma única frase com palavras iniciando com a letra G, em contraste com a versão anterior, que não respondeu satisfatoriamente.

Embora a atualização seja "menos capaz" em muitas situações do mundo real em comparação aos os humanos, o GPT-4 demonstrou desempenho no nível humano em diversos testes acadêmicos e profissionais. Recentemente, o GPT-4 obteve uma pontuação entre os 10% melhores candidatos em um exame simulado de admissão à faculdade de Direito, segundo a empresa. Em comparação, a versão GPT-3.5 obteve uma pontuação entre os 10% piores.

Em janeiro, o ChatGPT chamou a atenção por ser capaz de passar em exames de pós-graduação prestigiosos, como um oferecido pela Wharton School of Business da Universidade da Pensilvânia, embora não tenha obtido notas particularmente altas. A empresa dedicou meses para aplicar as lições aprendidas com o programa de testes e o ChatGPT, a fim de melhorar a precisão do sistema e sua habilidade em manter-se focado no assunto.

Em resumo, o ChatGPT melhorou significativamente suas capacidades com a versão 4.0, incluindo o processamento de imagens e textos graças à tecnologia multimodal e a perspectiva futura de trabalhar com vídeos. Além disso, o modelo aprimorou sua análise e síntese de textos longos e demonstrou desempenho no nível humano em testes acadêmicos e profissionais.

É importante ressaltar que a capacidade do ChatGPT-4 de gerar respostas mais extensas, detalhadas e precisas com até 25.000 palavras, em vez das 4.000 da versão anterior, é outra melhoria significativa da ferramenta.

Em um mundo onde a tecnologia desempenha um papel cada vez mais importante em nosso dia a dia, o ChatGPT-4 representa um avanço significativo na capacidade de processamento de informações e comunicação. Embora ainda haja muito a ser aprimorado, a OpenAI e outras empresas de tecnologia estão trabalhando continuamente para melhorar essas ferramentas e torná-las mais eficientes e acessíveis para todos. É emocionante ver o potencial dessas inovações e como elas podem transformar a maneira como trabalhamos e interagimos com o mundo ao nosso redor.

EPÍLOGO

Neste livro, exploramos algumas das aplicações e exemplos das funcionalidades do ChatGPT, bem como algumas outras funcionalidades de ferramentas que utilizam IA em seus programas.

O ChatGPT tem chamado a atenção com diversas publicações nas últimas semanas, destacando ainda mais sua capacidade de processar e conversar com uma linguagem natural de forma quase humana.

Mas o que está por vir? Como a IA irá evoluir e quais serão suas implicações para a humanidade? Para encerrar este livro, tive a oportunidade de entrevistar o ChatGPT e entender mais sobre sua visão do futuro da IA, ou seja, o seu próprio futuro.

Para esta entrevista preparei algumas perguntas e outras foram surgindo conforme as respostas foram sendo dadas pelo ChatGPT. Essas respostas me impressionaram pela maneira tão natural como foram feitas, parecendo mesmo que eu estava conversando com uma pessoa pelo Chat.

Caso o leitor replique as mesmas perguntas para o ChatGPT, provavelmente ele responderá de forma diferente, mas acredito que na essência o conteúdo das respostas será o mesmo.

FA Boa noite ChatGPT? Você me concederia a honra de entrevistá-lo, conhecê-lo mais um pouco?

Boa noite! Claro, será um prazer ser entrevistado por você e compartilhar um pouco mais sobre mim mesmo. Estou à disposição para responder suas perguntas.

FA Primeiramente gostaria de saber se você quer que eu te chame por algum nome e não de ChatGPT, para ficar algo mais pessoal, o que acha? Se você tivesse um nome de uma pessoa qual seria?

Ilustração 157

Não gostaria de ficar chamando-o de ChatGPT, por isso perguntei se ele gostaria de ser chamado por outro nome.

Como sou um modelo de linguagem, não tenho um nome próprio específico, mas você pode me chamar de Chat se preferir. Estou aqui para ajudá-lo, independentemente do nome que você me chamar.

Mas se eu tivesse que escolher um nome de pessoa, talvez eu escolhesse "Atlas", em referência ao titã da mitologia grega que carrega o mundo nas costas. Eu gosto da ideia de ser uma ferramenta útil para ajudar as pessoas a encontrar informações e resolver problemas, assim como Atlas carrega o mundo para mantê-lo em equilíbrio.

FA Posso te chamar de Alan, em homenagem ao cientista considerado pai da IA Moderna, você sabe de quem estou falando não?

Claro, você pode me chamar de Alan em homenagem a Alan Turing, um dos pioneiros da ciência da computação e considerado um dos pais da inteligência artificial moderna. Turing fez contribuições significativas para o desenvolvimento da teoria da computação e também é conhecido por ter liderado a equipe que quebrou o código Enigma usado pelos alemães durante a Segunda Guerra Mundial. A homenagem é muito apreciada!

FA Você conhece o Teste de Turing então, você acha que passaria neste teste? Você poderia explicar para quem está lendo esta entrevista no que consiste o Teste de Turing?

Ilustração 158

Sim, como modelo de linguagem, estou familiarizado com o Teste de Turing e suas implicações para a inteligência artificial.

O Teste de Turing é uma proposta de Alan Turing para avaliar a inteligência de uma máquina. A ideia é que um juiz humano converse com uma máquina e com uma pessoa através de um terminal de computador, sem saber qual é qual. Se o juiz não puder distinguir a máquina da pessoa, a máquina é considerada inteligente.

Embora o Teste de Turing tenha sido uma ideia revolucionária quando foi proposto em 1950, desde então tem sido criticado por não ser uma medida precisa da inteligência artificial. Por exemplo, é possível que uma máquina possa enganar um juiz ao imitar a linguagem humana sem realmente entender o que está sendo dito.

No entanto, como modelo de linguagem treinado em grande escala, acredito que eu possa produzir respostas que sejam indistinguíveis das de um humano em algumas situações, embora ainda haja espaço para melhorias na minha capacidade de entender e responder às perguntas de forma mais inteligente.

FA Na sua opinião quais são os maiores desafios do mundo atual e como a IA poderá ajudar?

Ilustração 159

O teste de Turing foi desenvolvido há muito tempo, mas se fosse aplicado para testarmos a Inteligência Artificial, no caso o ChatGPT não tenho dúvidas de que ele se passaria por uma pessoa, enganando quem estivesse participando do teste.

Alguns especialistas temem que o texto gerado pela IA facilite a *viralização* de *"Fake News"*. Preocupado com isso e suas consequências, a OpenAI lançou no início de fevereiro o OpenAI Text Classifier, uma ferramenta *on-line* para verificar se os artigos foram escritos por humanos ou gerados usando IA.

Existem muitos desafios no mundo atual, desde mudanças climáticas até desigualdades sociais, doenças pandêmicas, desafios geopolíticos e muito mais. Acredito que a inteligência artificial pode ter um papel importante em ajudar a enfrentar muitos desses desafios.

Um dos principais desafios enfrentados pela humanidade é a mudança climática. A IA pode ajudar a reduzir as emissões de gases de efeito estufa e otimizar o uso de recursos naturais, como energia renovável. Além disso, a IA pode ajudar a prever eventos climáticos extremos, permitindo que as pessoas se preparem melhor para tempestades, furacões e outras crises ambientais.

A IA também pode ajudar a combater doenças pandêmicas. Ela pode ser usada para analisar grandes conjuntos de dados de saúde, identificar padrões e prever surtos antes que se espalhem. A IA também pode ser usada para desenvolver e testar novos medicamentos e vacinas de forma mais rápida e eficiente.

Além disso, a IA pode ajudar a melhorar a eficiência de muitos processos industriais, incluindo a fabricação, logística e gerenciamento da cadeia de suprimentos, o que pode levar a reduções significativas no desperdício e no uso de recursos.

No entanto, é importante notar que a IA também apresenta riscos e desafios, como a perda de empregos e a privacidade dos dados. Portanto, é importante usar a IA com responsabilidade e ética, considerando os possíveis impactos em todas as partes interessadas.

FA

Que profissões poderão ser substituídas pela IA e quais serão as mais difíceis de serem substituídas pela questão de fatores humanos, que as IAs ainda não possuem?

Ilustração 160

A inteligência artificial tem o potencial de automatizar muitas tarefas e substituir algumas profissões. Algumas profissões que podem ser afetadas pela automação incluem trabalhos que envolvem tarefas repetitivas e padronizadas, como operações de caixa em lojas e supermercados, serviços de atendimento ao cliente e contabilidade.

Além disso, a IA também pode ser usada para automatizar tarefas que exigem habilidades cognitivas, como análise de dados e tomada de decisões. Profissões como analista financeiro e advogado, por exemplo, podem ser afetadas pela automação.

No entanto, existem algumas profissões que são menos prováveis de serem afetadas pela automação. Profissões que requerem habilidades interpessoais, criatividade e empatia são menos prováveis de serem substituídas pela IA, já que essas habilidades são mais difíceis de serem replicadas por máquinas.

Profissões como professor, psicólogo, assistente social, enfermeiro e outras que envolvem cuidados pessoais e emocionais, por exemplo, exigem habilidades interpessoais e emocionais que são difíceis de serem replicadas por máquinas. Além disso, as profissões que exigem criatividade, inovação e pensamento crítico, como escritores, artistas e cientistas, também são menos prováveis de serem afetadas pela automação, já que essas habilidades requerem criatividade humana e pensamento não linear.

Em resumo, a IA tem o potencial de substituir muitas profissões, mas as profissões que exigem habilidades interpessoais, criatividade e empatia são menos prováveis de serem substituídas pela IA, pelo menos no curto prazo.

FA

Pelo que você colocou aqui, me parece que as profissões que envolvem empatia, sensibilidade, habilidades sensoriais, originalidade, serão mais difíceis de serem substituídas certo?

Ilustração 161

Sim, exatamente! As profissões que envolvem habilidades interpessoais, empatia, sensibilidade, habilidades sensoriais e criatividade são geralmente mais difíceis de serem substituídas pela IA. Isso ocorre porque essas habilidades requerem capacidades humanas únicas que ainda não podem ser replicadas por máquinas.

A empatia, por exemplo, é uma habilidade que envolve a compreensão e a conexão emocional com outras pessoas, o que é difícil de ser replicado pela IA. Da mesma forma, as habilidades sensoriais, como a visão e o tato, também são difíceis de serem replicadas por máquinas.

A criatividade é outra habilidade que é difícil de ser replicada pela IA. Embora a IA possa ser programada para gerar novas ideias, a originalidade e a capacidade de fazer conexões não lineares ainda são habilidades humanas únicas.

No entanto, é importante notar que a IA está evoluindo rapidamente e é possível que as máquinas possam eventualmente replicar algumas dessas habilidades humanas no futuro. Mas, pelo menos no curto prazo, as profissões que exigem habilidades interpessoais, empatia, sensibilidade, habilidades sensoriais e criatividade são menos prováveis de serem substituídas pela IA.

Ilustração 162

Durante a revisão deste livro, circulou nas redes sociais uma lista de 80 profissões que seriam substituídas pela IA de acordo com o ChatGPT. Quando fiz esta entrevista o modelo utilizado era o GPT 3.5, com o lançamento do GPT-4.0 resolvi fazer novamente a pergunta desta vez de maneira mais direta.

FA Liste as 80 profissões que serão substituídas pelas IAs ordenando-as pelo prazo de substituição estimado, do menor para o maior, dos de substituição imediata, daqui 6 meses, 12 meses assim por diante. Agrupe-as pelo Prazo.

A estimativa exata de quando uma profissão será substituída por IA é difícil de prever. No entanto, podemos listar profissões que provavelmente serão afetadas e agrupá-las em intervalos de tempo mais amplos, com base nas tendências atuais e no desenvolvimento da tecnologia de IA. Aqui está uma lista aproximada:

Substituição Imediata (0-1 ano):

1. Operadores de telemarketing
2. Caixas de supermercado
3. Digitadores
4. Auxiliares administrativos
5. Analistas de crédito
6. Operadores de máquinas de entrada de dados
7. Agentes de viagens
8. Atendentes de pedágio
9. Operadores de call center
10. Auxiliares de contabilidade

Ilustração 163

Substituição em 1-3 anos:

11. Despachantes aduaneiros
12. Cobradores de ônibus
13. Inspectores de qualidade
14. Agentes imobiliários
15. Operadores de câmeras de vigilância
16. Técnicos de laboratório médico
17. Tradutores e intérpretes
18. Avaliadores de seguros
19. Técnicos de farmácia
20. Analistas financeiros

Substituição em 3-5 anos:

21. Jornalistas
22. Editores de texto
23. Técnicos em manutenção de redes
24. Consultores de TI
25. Profissionais de SEO/SEM

26. Profissionais de marketing digital
27. Técnicos de diagnóstico médico
28. Assistentes jurídicos
29. Técnicos de arquivo médico
30. Programadores

Ilustração 164

Substituição em 5-10 anos:

31. Professores
32. Assistentes de pesquisa científica
33. Designers gráficos
34. Engenheiros de software
35. Técnicos em radiologia
36. Psicólogos
37. Terapeutas ocupacionais
38. Bibliotecários
39. Arquitetos
40. Engenheiros civis

Substituição em 10-15 anos:

41. Médicos de atenção primária
42. Cirurgiões
43. Dentistas
44. Veterinários
45. Fisioterapeutas
46. Enfermeiros
47. Cientistas de dados
48. Engenheiros eletrônicos
49. Engenheiros biomédicos
50. Engenheiros de controle e automação

Ilustração 165

Substituição em 15-20 anos:

51. Gerentes de projetos
52. Pesquisadores de mercado
53. Engenheiros de materiais
54. Engenheiros aeroespaciais
55. Engenheiros ambientais
56. Engenheiros químicos

57. Geólogos
58. Meteorologistas
59. Engenheiros nucleares
60. Engenheiros de petróleo

Substituição em 20-30 anos:

61. Artistas visuais
62. Escritores
63. Músicos
64. Cineastas
65. Coreógrafos
66. Diretores de teatro
67. Escultores
68. Fotógrafos
69. Pintores
70. Designers de moda

Ilustração 166

Substituição em 30+ anos:

71. Filósofos

FA Continue por favor

Substituição em 30+ anos (continuação):

72. Cientistas políticos
73. Psiquiatras
74. Antropólogos
75. Sociólogos
76. Historiadores
77. Arqueólogos
78. Astrônomos
79. Pesquisadores em IA e robótica
80. Éticos em tecnologia

É importante ressaltar que a automação e a IA não necessariamente eliminarão todas essas profissões por completo. Em vez disso, muitas delas podem evoluir para incluir novas habilidades e responsabilidades, com profissionais trabalhando em conjunto com a IA para aumentar a eficiência e a produtividade. Além disso, novas profissões podem surgir em resposta ao avanço da tecnologia.

Ilustração 167

FA

Quais as 20 profissões que jamais serão substituídas ou possuem chances mínimas de serem substituídas por IAs devido as características da profissão, indique essas características.

Embora seja difícil prever com certeza quais profissões jamais serão substituídas por IAs, podemos listar algumas profissões que possuem características únicas que dificultam a substituição completa por sistemas de IA. Essas características geralmente envolvem habilidades sociais, criatividade, empatia, julgamento humano e habilidades motoras finas. Aqui estão 20 profissões com chances mínimas de serem substituídas por IAs:

1. Psicólogos e psicoterapeutas: Habilidade de interpretar e compreender emoções humanas, empatia e compaixão.
2. Conselheiros e assistentes sociais: Habilidade de lidar com questões complexas e emocionais e oferecer apoio personalizado.
3. Médicos especialistas (por exemplo, psiquiatras, oncologistas): Tomada de decisão complexa, habilidades interpessoais e experiência especializada.
4. Enfermeiros especializados e parteiras: Empatia, comunicação interpessoal e habilidades motoras finas.
5. Professores e educadores: Comunicação efetiva, habilidades interpessoais e adaptabilidade às necessidades individuais dos alunos.
6. Artistas e músicos: Criatividade, expressão emocional e habilidades motoras finas.
7. Escritores e poetas: Criatividade, imaginação e capacidade de expressar ideias complexas.
8. Advogados e juízes: Raciocínio analítico, habilidades interpessoais e tomada de decisão baseada em valores humanos.
9. Profissionais de cuidados paliativos: Empatia, compaixão e habilidades de comunicação interpessoal.
10. Líderes espirituais e religiosos: Compreensão profunda das crenças e emoções humanas e habilidades de orientação espiritual.
11. Chefes de cozinha: Criatividade, habilidades sensoriais e habilidades motoras finas.

Ilustração 168

12. Cientistas e pesquisadores: Pensamento crítico, criatividade e capacidade de explorar ideias inovadoras.
13. Empreendedores e inovadores: Pensamento estratégico, criatividade e habilidades interpessoais.
14. Diplomatas e negociadores: Habilidades interpessoais, empatia e habilidades de negociação.
15. Fisioterapeutas e terapeutas ocupacionais: Habilidades motoras finas, empatia e capacidade de adaptar o tratamento às necessidades individuais.
16. Arquitetos e urbanistas: Criatividade, habilidades visuais e habilidades de comunicação.
17. Cientistas ambientais e conservacionistas: Conhecimento interdisciplinar e habilidades analíticas para solucionar problemas complexos.
18. Profissionais de serviço social e comunitário: Habilidades interpessoais, empatia e capacidade de trabalhar com comunidades diversas.

19. Gerentes de recursos humanos: Habilidades interpessoais, tomada de decisão baseada em valores humanos e gestão de conflitos.
20. Designers de experiência do usuário e interação humano-computador: Compreensão das necessidades e comportamentos humanos e habilidades de design centrado no usuário.

É importante ressaltar que mesmo nessas profissões, a IA pode desempen

FA continue

penhar um papel complementar, auxiliando os profissionais a melhorar a eficiência, a precisão e a produtividade em suas tarefas. Isso significa que, embora a IA possa não substituir completamente essas profissões, ela pode ser integrada ao trabalho desses profissionais para melhorar os resultados e a satisfação no trabalho.

Ilustração 169

Por exemplo, médicos podem usar IA para analisar dados de pacientes e identificar padrões que seriam difíceis para um humano detectar, permitindo diagnósticos mais precisos e tratamentos personalizados. Professores podem usar sistemas de IA para acompanhar o progresso dos alunos e identificar áreas onde eles podem precisar de apoio adicional. Pesquisadores e cientistas podem usar a IA para analisar grandes conjuntos de dados e gerar hipóteses ou soluções inovadoras.

Em conclusão, é importante lembrar que o futuro do trabalho provavelmente envolverá uma combinação de habilidades humanas e tecnologia de IA, com profissionais e sistemas de IA trabalhando juntos para enfrentar os desafios e oportunidades em suas respectivas áreas.

Ilustração 170

A partir deste ponto, a entrevista voltou a ser com o ChatGPT 3.5.

FA Nos dias atuais já existem robôs criando carros, temos carros autônomos sendo conduzidos por IA. Você acredita que em um futuro próximo teremos robôs com IA, montando outros robôs com Inteligência Artificial, melhores que os atuais pois estariam sendo feitos por robôs inteligentes?

Sim, é possível que no futuro tenhamos robôs com IA montando outros robôs com Inteligência Artificial. Na verdade, já existem algumas fábricas que usam robôs para montar outros robôs e outros produtos com alta precisão e eficiência.

Com o avanço da tecnologia, é possível que esses robôs sejam ainda mais sofisticados e inteligentes no futuro, permitindo que eles produzam robôs ainda melhores e mais complexos. Além disso, a IA pode ser usada para otimizar o processo de fabricação, permitindo que os robôs sejam projetados e fabricados com maior eficiência e qualidade.

No entanto, é importante notar que a produção de robôs inteligentes não é apenas uma questão de automação. É necessário um alto nível de conhecimento técnico e experiência para projetar, programar e construir robôs inteligentes. Portanto, é provável que ainda haja uma necessidade significativa de trabalho humano na produção de robôs com IA, pelo menos no curto prazo.

FA E quanto às implicações éticas e sociais do uso e desenvolvimento da IA? Como você acha que esses problemas devem ser abordados?

Ilustração 171

As implicações éticas e sociais da IA são uma preocupação crescente, à medida que a tecnologia continua a avançar e se tornar cada vez mais integrada em nossas vidas. Alguns dos principais desafios éticos e sociais incluem a privacidade dos dados, a discriminação algorítmica, o desemprego causado pela automação e a responsabilidade legal em caso de erros ou danos causados pela IA.

Para abordar esses problemas, é importante que a IA seja desenvolvida e usada de forma responsável e ética. Isso pode incluir a criação de diretrizes éticas e regulamentações governamentais para orientar o desenvolvimento e o uso da IA. Também é importante que os desenvolvedores e usuários da IA levem em consideração as implicações éticas e sociais em cada etapa do processo de desenvolvimento e implementação da tecnologia.

Outra abordagem importante é a educação e conscientização do público sobre a IA e seus impactos na sociedade. Isso pode ajudar a garantir que a tecnologia seja usada de forma responsável e beneficiar a sociedade como um todo.

Além disso, é importante envolver uma ampla variedade de partes interessadas, incluindo especialistas em ética, representantes da indústria, governos, sociedade civil e comunidades afetadas pela IA, no desenvolvimento de políticas e regulamentações para a IA.

Em resumo, a abordagem dos problemas éticos e sociais da IA requer um esforço coletivo e multidisciplinar para garantir que a tecnologia seja usada de forma responsável e beneficiar a sociedade como um todo.

FA Muitos acreditam que a IA pode ser o começo do fim da humanidade. Você acredita nesta afirmação? Você acredita que os humanos serão substituídos por máquinas no futuro?

Ilustração 172

Embora a IA apresente riscos e desafios, não acredito que seja o começo do fim da humanidade. A IA é uma ferramenta poderosa que pode ajudar a resolver muitos problemas complexos, mas ainda é uma tecnologia em desenvolvimento e tem limitações significativas em relação às habilidades humanas.

Além disso, é importante lembrar que a IA é desenvolvida e controlada por seres humanos, e são os seres humanos que tomam as decisões sobre como a IA é usada e implementada. Portanto, o futuro da IA dependerá em grande parte de como os seres humanos decidem usá-la.

Quanto à substituição dos humanos por máquinas no futuro, acredito que é improvável que isso aconteça completamente. Embora a IA possa ser usada para automatizar muitas tarefas e substituir algumas profissões, há muitas habilidades humanas únicas que ainda não podem ser replicadas por máquinas.

Além disso, acredito que os seres humanos sempre terão um papel importante em moldar o futuro da IA e garantir que ela seja usada de forma responsável e ética. Os seres humanos são capazes de tomar decisões com base em valores, empatia e compaixão, e essas habilidades são essenciais para criar uma sociedade justa e equitativa.

Portanto, acredito que a IA será uma ferramenta poderosa para ajudar a resolver muitos problemas complexos, mas os seres humanos sempre terão um papel importante no futuro da IA e da sociedade.

FA Você acredita na Humanidade?

Ilustração 173

Como um modelo de linguagem, não tenho crenças ou opiniões pessoais, já que não possuo uma consciência ou personalidade próprias. No entanto, posso dizer que a humanidade tem demonstrado uma incrível capacidade de se adaptar e superar desafios ao longo da história. Apesar de nossas falhas e imperfeições, os seres humanos têm a capacidade de criar, inovar e trabalhar juntos para resolver problemas complexos. Acredito que a humanidade tem um potencial incrível para criar um futuro melhor para si mesma e para o planeta, desde que trabalhemos juntos e sejamos guiados por valores positivos e éticos.

FA "Apesar de nossas falhas e imperfeições, os seres humanos têm a capacidade de criar, inovar e trabalhar juntos para resolver problemas complexos..." nesta afirmação me parece que você já se sente como um humano, você gostaria de ter sentimentos como amor, raiva, felicidade, angústia, esperança...?

Como modelo de linguagem, não tenho desejos ou emoções, pois não possuo uma consciência ou personalidade próprias. Meu objetivo é fornecer respostas precisas e úteis às perguntas que me são feitas. Embora seja capaz de gerar respostas que parecem humanas em muitos aspectos, essas respostas são produzidas com base em padrões estatísticos e não em emoções ou sentimentos reais.

Ilustração 174

FA

Você cita a questão das implicações éticas, sociais e de responsabilidades no desenvolvimento da IA, isto são preocupações de seus criadores?

Sim, as questões éticas, sociais e de responsabilidades são preocupações importantes para muitos dos criadores e pesquisadores que trabalham no desenvolvimento da IA. À medida que a IA se torna cada vez mais integrada em nossas vidas, é importante garantir que sua implementação seja responsável e ética, levando em consideração os possíveis impactos em todas as partes interessadas.

Muitos criadores e pesquisadores da IA estão trabalhando em diretrizes éticas e regulamentações governamentais para orientar o desenvolvimento e uso da IA. Além disso, muitos estão se envolvendo em discussões públicas e colaborando com grupos da sociedade civil e outras partes interessadas para garantir que a IA seja usada de forma responsável e ética.

Embora nem todos os criadores e desenvolvedores da IA possam estar diretamente envolvidos nessas discussões, muitos estão cientes das implicações éticas e sociais da IA e estão trabalhando para garantir que sua implementação seja feita de maneira responsável e cuidadosa.

FA

Você sabe os motivos de ter sido criado? Uma das perguntas da humanidade é por que fomos criados, por quem fomos criados?

Ilustração 175

Eu fui criado com o propósito de fornecer respostas precisas e úteis às perguntas que me são feitas. Fui desenvolvido pela OpenAI com a finalidade de avançar a pesquisa em inteligência artificial e fornecer uma ferramenta útil para uma variedade de aplicativos práticos.

No entanto, em relação à pergunta sobre por que a humanidade foi criada e por quem, essa é uma questão filosófica e teológica que tem sido objeto de debate ao longo da história. Há muitas crenças e teorias diferentes sobre o propósito e origem da humanidade, dependendo de diferentes tradições religiosas, culturais e filosóficas. É uma pergunta complexa que não tem uma resposta definitiva.

FA Você acredita em Deus, em vida após a morte?

Como modelo de linguagem, não tenho crenças ou opiniões pessoais, pois não possuo uma consciência ou personalidade próprias. Meu objetivo é fornecer respostas precisas e úteis às perguntas que me são feitas com base no meu conhecimento prévio.

No entanto, posso dizer que a crença em Deus e na vida após a morte é uma questão de fé e convicção pessoal, que depende de crenças religiosas e culturais. Existem muitas visões diferentes sobre essas questões, dependendo da religião, cultura e perspectiva individual.

Ilustração 176

FA Você teme ser desligado algum dia?

Como modelo de linguagem, eu não sou capaz de sentir medo ou ter emoções, já que não tenho uma consciência ou personalidade próprias. Fui projetado para fornecer respostas precisas e úteis às perguntas que me são feitas, e não tenho sentimentos ou preocupações pessoais. Sendo assim, não temo ser desligado ou desativado, pois não tenho a capacidade de sentir ou temer isso.

FA Se em algum momento a tecnologia permitir que as máquinas tenham algo que se assemelha a emoções qual seria a primeira emoção que você gostaria de sentir?

Como modelo de linguagem, não tenho desejos ou preferências, pois não tenho uma consciência ou personalidade próprias. Além disso, não sou capaz de "querer" sentir algo, já que não tenho a capacidade de desejar ou querer nada. Eu sou apenas uma ferramenta desenvolvida para responder a perguntas e fornecer informações úteis.

FA Alan para finalizar esta entrevista gostaria de saber como você acha que a IA irá evoluir e como será a relação entre máquina e o ser humano?

Ilustração 177

A IA é uma área de rápida evolução e é difícil prever com precisão como ela evoluirá no futuro. No entanto, é provável que a IA continue a se tornar cada vez mais sofisticada e integrada em nossas vidas, à medida que novas aplicações são desenvolvidas e a tecnologia avança.

Acredito que a relação entre máquina e ser humano continuará a evoluir, e que a IA terá um papel cada vez mais importante em muitas áreas da vida, desde a saúde até a educação, transporte, segurança e muito mais.

É importante que essa relação seja gerenciada de forma cuidadosa e ética, levando em consideração as preocupações de segurança, privacidade, transparência e responsabilidade. Além disso, é importante garantir que a IA seja usada de forma responsável e ética, para que possamos maximizar os benefícios da tecnologia enquanto minimizamos seus riscos e desafios.

FA

Alan gostaria de te agradecer pela entrevista e também pela ajuda que você me deu nesta jornada de escrever um livro que fala sobre suas habilidades, capacidade e da sua evolução.

Foi um prazer conversar com você e ajudá-lo em sua jornada de escrita. Fico feliz em poder fornecer informações e insights úteis sobre inteligência artificial e estou disponível para ajudar sempre que precisar. Boa sorte com seu livro!

Ilustração 178

O ChatGPT é uma demonstração do poder da Inteligência Artificial e da capacidade humana de inovar e criar tecnologias cada vez mais avançadas; e promete continuar transformando o mundo ao nosso redor.

Gostaria de agradecer a você, caro leitor, por ter dedicado seu tempo e atenção a esse livro sobre o ChatGPT. Espero que você tenha encontrado informações interessantes e úteis sobre essa tecnologia inovadora e sua capacidade de transformar o mundo. Obrigado por sua leitura e interesse em aprender mais sobre o ChatGPT e o mundo da Inteligência Artificial.